ORGANISATION

DE LA

DÉFENSE

NATIONALE

PAR

BERLIOUX

Professeur de Géographie et d'Histoire
au Lycée de Lyon

———>⋅<———

LYON

IMPRIMERIE DU SALUT PUBLIC

BELLON, RUE IMPÉRIALE, 33

—

1870

ORGANISATION

DE LA

DÉFENSE NATIONALE

ORGANISATION

DE LA

DÉFENSE

NATIONALE

PAR

BERLIOUX

Professeur de Géographie et d'Histoire
au Lycée de Lyon

LYON

IMPRIMERIE DU SALUT PUBLIC

BELLON, RUE IMPÉRIALE, 33

—

1870

INTRODUCTION

Ce mémoire n'a pas la prétention de donner une recette mystérieuse pour battre l'ennemi. Une recette pareille, qui tiendrait du merveilleux, ne mériterait pas l'attention d'un lecteur sensé. Il s'agit tout simplement de réunir des indications utiles, en les empruntant à l'histoire, à l'expérience des peuples, et particulièrement à cette science géographique, si étrangement oubliée par nos chefs, lorsque nos ennemis en tirent un profit si journalier. Pour réunir ces connaissances, il n'est pas nécessaire non plus d'être un homme extraordinaire, et le public, s'il fait attention à ce travail, ne se rebutera point parce qu'il n'y trouve pas une signature connue ; il faut bien que des manœuvres nouveaux sortent de la foule, puisque la tâche est lourde et qu'elle appelle tous les bras.

Afin que l'œuvre de salut arrive à bonne fin, l'opinion inquiète demande s'il ne surgira pas quelque homme de génie, au moins un homme de grand talent. Sans doute, il faut des chefs, et même des chefs habiles ; mais il ne faut point exagérer cette nécessité. Lorsque l'Espagne a battu Bonaparte, de 1808 à 1813, avait-elle des hommes de génie pour la guider ? On serait fort embarrassé, je crois, pour signaler même, parmi ses défenseurs, un homme d'un talent bien supérieur. Qu'on veuille bien repasser dans sa mémoire ou dans ses livres tous les souvenirs de ce genre ; chercher comment les peuples, au moment d'un grand danger, ont pu se tirer d'embarras ; on verra presque toujours les nations se sauver elles-mêmes avec des hommes assez modestes. C'est au moins ce que nous constatons pour notre France, au moment où les Anglais sont chassés, à la fin de la guerre de cent ans.

Un exemple des plus remarquables nous est fourni par l'Amérique, au moment de l'insurrection contre les Anglais. Le plus grand admirateur de Franklin et de Washington. n'osera jamais faire de ces deux personnages des hommes de génie. Ce qui les distingua ce fut la prudence, le savoir-faire, la patience, l'activité, et par-dessus tout le bon sens. Du bon sens, de l'énergie, un savoir solide, sans être très-distingué, voilà ce qu'il faut à nos chefs ; la nation fera le reste. Le nombre de nos soldats est plus que suffisant ; les ressources de la France sont considérables, sinon inépuisables ; il suffit d'employer avec sagesse les uns et les autres.

Donc, point d'inquiétude vaine, parce qu'on n'aperçoit pas le grand homme désiré, pas de défiance pour un chef, qui sera simplement actif, honnête, intelligent ; pas de dédain pour celui qui apporte des indications empruntées au seul bon sens. Il y a même plus, ces héros brillants qui se font recommander par les éclats de Marengo ou de Rivoli, doivent nous faire peur lorsqu'ils se présentent pour nous sauver. Qu'une nation n'ait plus besoin de sauveurs pareils en face de l'étranger comme en face de la révolution. Avec l'aide de Dieu, lorsque tous ses enfants lui apporteront leur énergie, leur volonté bien décidée, leur dévoûment, la France se sauvera toute seule, partout et toujours.

La lutte actuelle a un triple caractère. Elle est locale, lorsque chaque département, chaque ville, organise sa défense; elle sera régionale, lorsque les contrées qui ont des intérêts communs, sauront se grouper; elle est nationale pour les armées levées dans le pays tout entier. C'est la première sorte de lutte qui prend le plus de place dans cette étude. L'organisation militaire de chaque département, lorsqu'on n'a jamais songé à rien de pareil, lorsqu'il faut la créer à l'improviste, demande plus d'efforts et trouve des hommes moins préparés. Sans doute, ce livre n'a pas la prétention de fournir des renseignements toujours d'une justesse indiscutable; mais, même insuffisantes, ces indications serviront à mettre sur la voie de la vérité.

CHAPITRE PREMIER

LA RÉSISTANCE

La paix est-elle possible ?

Nos humiliations sont grandes, tellement grandes que, par moment, on se croit en proie à un cauchemar, lorsqu'on songe que l'ennemi occupe un quart de notre territoire. Véritablement nos désastres sont épouvantables, et pour retrouver quelque chose de semblable dans l'histoire, nous sommes obligés de remonter jusqu'aux invasions du quatrième siècle. Les Huns ne commettaient pas plus de dévastations que les soldats de Guillaume. Mais là s'arrête l'analogie. L'empire ne nous a pas tellement abattus que nous ayons à craindre le sort des Romains. La preuve en est dans cet immense mouvement qui agite la France et qui arme des millions d'hommes.

Tout Français qui a du cœur, sans prendre le temps de réfléchir, a demandé tout d'abord que l'on continue la lutte sans trève ni repos, jusqu'à ce que nos humiliations soient vengées. Cette décision inspirée par le patriotisme aux hommes généreux, sera adoptée avec une égale énergie par les esprits plus calmes, qui auront simplement examiné la situation de notre pays. Calculons froidement : l'ennemi a été vainqueur dans trois ou quatre grandes batailles ; il a traversé, en y laissant des corps, l'Alsace, la Lorraine et la Champagne ; il assiége Paris maintenant ; il a au moins un million d'hommes sous les armes. C'est beaucoup. Mais sommes-nous tellement dépourvus de munitions, d'hommes et d'argent, que nous devions demander merci ? Faut-il même que nous traitions, avant que notre honneur ait obtenu une satisfaction complète ? Nous allons le voir.

Des hommes troublés par l'épouvante ou gâtés par l'égoïsme consentiraient à abandonner quelques provinces et à payer quelques milliards, persuadés qu'à ce prix ils trouveraient la paix et ses avantages. Mais cette paix serait-elle sérieuse, ne serait-elle pas plutôt une tromperie. Sans parler du désir de la vengeance qui resterait dans toutes les âmes, il nous faudrait toujours, à côté d'un voisin orgueilleux et puissant, nous ruiner par des préparatifs de guerre. Cet ennemi qui prenait le Schleswig, il y a six ans ; qui enlevait le Hanovre, il y a quatre ans ; qui réclame aujourd'hui la Lorraine et l'Alsace ; qui s'annexera la Confédération du Sud, nous laisserait-il un répit bien long ? Ne trouverait-il pas bientôt de nouveaux griefs pour réclamer une portion de notre flotte et de nos colonies ? Il est évident que nous serions à sa merci, que tous nos voisins jusqu'aux plus faibles s'arrogeraient le droit de nous insulter et de nous voler. N'avons-nous pas entendu certaines prétentions réclamer pour la Suisse une partie de la Savoie ? Donc, bon gré malgré, dès le lendemain d'une paix honteuse, il nous faudrait revenir à la guerre et à ses charges. Puisque la lutte est inévitable, faisons-la pour conserver intacts notre honneur et notre territoire.

Cette lutte amènera plus sûrement, plus promptement, une paix glorieuse et solide. Une nation qui le veut, n'est jamais réduite à se courber sous un maître étranger. En 1808, lorsque Bonaparte entrait en Espagne, il amenait des généraux et des soldats plus habiles que ceux de l'armée prussienne ; il pouvait se vanter de victoires plus brillantes que celles de Wissembourg et de Sedan ; ses troupes étaient relativement plus nombreuses que les troupes de Guillaume. Le peuple espagnol, quoique trahi, ruiné, affaibli, a refoulé cependant ses brillants vainqueurs. En face d'une coalition puissante, en 1793, sans alliés, sans argent, sans généraux, nos pères ont improvisé des armées et ils ont vaincu.

Nous vaincrons aujourd'hui. Nous avons plus d'argent, plus d'hommes, plus de provisions que l'ennemi ; nous nous battons pour notre patrie, pour nos familles, pour notre liberté. Que nos premières défaites ne nous effraient point ; les causes qui les ont amenées ont disparu. Nous n'avons plus ces chefs qui nous trompaient ; c'était un ambitieux qui nous appelait au combat sans laisser discuter les causes de la guerre, aujourd'hui, c'est la patrie qui nous appelle à sa défense ; il fallait mourir pour un homme, il faut combattre pour la France ; il n'y avait d'armes que pour l'armée, on les donne à la nation ; nous avions des mitrailleuses, mais on nous refusait les armes les plus redoutables, les grandes pensées de liberté et de morale qui amènent le dévoûment et préparent le triomphe.

Il faut le reconnaître cependant, malgré les ressources que possède notre pays, malgré la force que donne le patriotisme, bien des choses nous manquent encore. On s'effraie, en voyant que l'ennemi a brisé ou tourné la ligne de places fortes qui couvrait notre frontière ; il n'a plus devant lui qu'un pays ouvert ; nous manquons d'armes ; nos arsenaux se remplissent trop lentement pour donner des fusils à tous les bras qui les réclament. Mais, pardessus tout, une tête intelligente qui réunisse les efforts ; une direction sage qui accorde les volontés, qui empêche les richesses et les forces d'être gaspillées en pure perte, des chefs, voilà ce qui semble nous manquer le plus. Et après que le patriotisme a soulevé les populations, en face d'un désarroi apparent, aujourd'hui, des hommes intelligents, mais d'une intelligence étroite, éprouvent une sorte d'affaissement et se prennent à désespérer. C'est en examinant une à une ces difficultés que nous en apprécierons la force, et que nous trouverons le moyen d'en triompher.

Les citadelles.

Abordons une des difficultés les plus graves. L'ennemi est au cœur de la France, et, sauf la grande place de Paris, il n'a plus devant lui aucune forteresse qui l'empêche de parcourir nos provinces. Il prend les provisions de nos campagnes, il entre dans nos villes pour les rançonner, il désarme nos gardes nationales. Après deux mois de guerre, c'est-à-dire lorsque nous devrions être prêts et lui résister partout, le voilà qui entre sans combat dans Beauvais, qui arrive à Orléans et se met en marche vers Tours. Nancy a été surpris au commencement de la guerre ; mais qu'aujourd'hui un de nos départements, même le plus faible, tombe sans une résistance sérieuse aux mains de l'ennemi, c'est une honte que nous ne devrions plus subir. Après la capitulation de l'armée à Sedan verrons-nous la capitulation de la France.

En face de cette invasion que rien n'arrête plus, si nous avions des places comme Metz, comme Strasbourg, comme Phalsbourg ou Verdun même, nous compterions sur la victoire, au moins sur une résistance assez prolongée pour avoir le temps de créer des armées nouvelles. Mais, après ce regret stérile, personne ne s'est demandé s'il n'y a aucun moyen d'improviser des citadelles. Sans réflexion on l'a jugé impossible. Chacun de nous a vu des forteresses entre les mains du génie, demandant de longues années d'études, de travaux, de dépenses, et l'on renonce à l'espoir d'en élever en quelques jours. Quoi, lorsque nous rejetons les traditions politiques du passé, n'y a-t-il aucun moyen de sortir des traditions vieillies des guerres d'autrefois ?

C'est une erreur grave dont il importe de se débarrasser au plus tôt. Nous pouvons improviser des citadelles en moins de temps qu'il nous en a fallu pour improviser un gouvernement. Quelques faits éclatants nous montrent combien ce projet est facile à réaliser. Chacun de nous a entendu parler de ces retranchements de terre que Todleben improvisa autour de Sébastopol. Notre armée, après s'être arrêtée sur le Danube, arrivait subitement dans la Crimée; quelques jours suffirent pour élever des remparts qui ont arrêté nos soldats pendant de longs mois.

L'Amérique a perfectionné cette improvisation des citadelles. Chez ce peuple républicain sur lequel nous devons prendre exemple, dans la dernière guerre, tout s'est improvisé, marine militaire, armée, soldats et genéraux. Dans l'art de se retrancher l'armée était arrivée à des résultats qui émerveillent. Quelque grande qu'elle fût, quelque considérable que fut le nombre des combattants, en quarante-huit minutes, on élevait des lignes solides, derrière lesquelles elle trouvait un refuge inexpugnable. Voilà des faits précis qui doivent nous décider.

En face de ces exemples encourageants, s'il reste quelque hésitation dans nos esprits, nous n'avons qu'à jeter un coup d'œil sur la terre que nous défendons, la plus belle patrie après celle du ciel, disaient nos pères. Quel pays est plus heureusement organisé pour une résistance énergique, invincible, contre l'invasion. Partout notre France est couverte de rochers, de collines, de montagnes, avec des gorges profondes, des ravins, des forêts, des fleuves. Une fois qu'il a quitté la Champagne, l'ennemi ne rencontrera plus qu'un sol accidenté où la défense est facile.

Avec ces hauteurs et ces rivières que la nature nous a données, sous la direction d'un général intelligent, une armée trouverait déjà des lignes faciles à défendre. Pourquoi sur tous nos rochers, sur toutes nos collines escarpées, ne mettrions-nous pas une citadelle. Nous ne sommes pas forcés d'aller aussi vite que les Américains, ni même de nous presser autant que Todleben. Si l'on excepte les départements voisins de l'ennemi, partout nous aurons, pour armer ces forteresses nouvelles, des journées et des semaines entières. Les citadelles qui sauveront la France doivent être des camps retranchés. Aujourd'hui, dans cette terre de France, quand on rencontre un homme valide, on le voit armé d'un fusil, que toutes nos collines soient couronnées d'un camp retranché.

Comment nos ennemis nous ont-ils battus? Ils n'ont pas plus de bravoure que nos soldats, nos armes sauf l'artillerie valent autant sinon plus que les leurs; mais, avec l'avantage du nombre, ils avaient une arme dont nos officiers ont trop oublié de se munir : la science, et surtout la science géographique. Ils connaissaient notre pays mieux que nous ; les montagnes et les bois qui auraient dû nous protéger, leur servaient à nous infliger des défaites. Cette arme que nous avons négligée, il est temps de la ressaisir. La science qui nous a vaincus, peut nous donner la victoire. Nous avons abandonné les Vosges et les Argonnes, nous défendrons les collines de Normandie; nous n'avons plus Strasbourg, nous aurons sur le Jura et sur le Morvan des forteresses plus redoutables.

L'établissement des camps retranchés est d'une nécessité instante, et bien loin de nuire à la grande pensée d'aller sous Paris combattre l'armée des envahisseurs, il en est le préliminaire indispensable. En effet, l'ennemi ne peut continuer le siége aussi bien que la guerre, qu'à la condition de trouver, en rançonnant nos provinces, des provisions et de l'argent. Toutes ces ressources lui seront enlevées le jour où l'entrée de nos départements sera fermée à ses coureurs et à ses corps détachés. D'un autre côté, nous avons besoin d'opposer cette digue à l'invasion pour sauver nos ressources militaires et en particulier les hommes : les départements envahis ne donnent plus de recrues à nos armées. Enfin, derrière cette ligne de citadelles, nos armées de formation nouvelle auront le temps de compléter leur armement et leur éducation militaire.

Le principe même de l'établissement des camps retranchés ne saurait plus être mis en doute. Il reste à chercher les points où l'on doit les établir, puis la manière de les fortifier. Quant au plan général qui distribuera les citadelles nouvelles sur le sol de notre pays, pour qu'elles se soutiennent et se relient entre elles, on le réserve pour un chapitre spécial. Mais voici ce qu'on peut répondre tout de suite : désormais il est indispensable de séparer les villes populeuses des forteresses. L'ennemi fort peu soucieux de toute idée généreuse, au lieu d'attaquer les remparts, préfère incendier les maisons pour amener une capitulation plus rapide en effrayant les habitants. C'est ainsi qu'il s'est conduit à Strasbourg, à Toul, partout où il a pu jeter l'incendie. D'ailleurs, vous protégerez bien mieux les villes en fermant le pays où elles se trouvent.

Les camps retranchés s'élèveront donc sur les points fortifiés par la nature ; ils domineront les passages, fermeront toutes les issues et formeront des lignes impénétrables. La défense deviendra désormais plus facile et plus sûre : les combattants n'auront plus pour effrayer leur courage le voisinage des peureux ou des faibles. La citadelle de Laon aurait tenu, si la ville n'avait pas été au pied de ses murailles. Ce principe de séparer les forteresses des villes sera nécessairement adopté par l'avenir et, si quelque grande cité, comme Paris, a besoin d'une protection particulière, les forts seront placés au loin dans la campagne.

Les camps retranchés et ce principe nouveau de fortification auront un immense résultat. Au lieu de protéger seulement nos villes, ils sauveront de la dévastation une grande partie de nos campagnes. Aujourd'hui, sur certains points de notre France, on peut faire une remarque affligeante : Loin des villes, où l'élan est général et admirable, les villages ne présentent que de la torpeur. Les causes de cette apathie sont multiples, sans doute ; mais elle tient en partie à un instinct secret, qui montre aux paysans que leurs efforts seront presque perdus. Dans les conditions actuelles, ces hommes, peu nombreux, mal armés, n'apercevant à la portée de leurs maisons aucune protection sérieuse, se découragent d'avance. Quand ils verront s'élever tout près des camps retranchés, le courage leur reviendra avec l'espérance. L'ennemi ne pénètrera plus nulle part sans courir de grands dangers. Il y a même certaines contrées, où les montagnes, les hauteurs, forment des massifs compacts dont toutes les issues seront gardées comme les portes d'une forteresse ; à l'intérieur, la contrée tout entière jouira d'une sécurité complète.

Le plan de ces fortifications et l'exécution des travaux ne sauraient présenter une difficulté sérieuse. Des entrepreneurs, des employés des ponts-et-chaussées en conduiraient l'exécution. Quant au tracé, il ne sera point impossible de trouver quelque officier du génie assez intelligent pour se débarrasser des traditions gênantes et se prêter aux improvisations républicaines. Un ingénieur le remplacerait au besoin.

Mais la question d'armement peut sembler trop difficile, et on renoncera aux camps retranchés dans la crainte de ne pas trouver d'artillerie pour les défendre. Cette crainte vient encore d'une erreur que la réflexion fera disparaître. D'abord, nous ne sommes pas tellement pauvres en canons et en mitrailleuses qu'il soit impossible d'en armer les camps retranchés. Mais il faut que cet armement se fasse avec intelligence. Qu'on distingue, entre les pays, ceux qu'une invasion imminente menace et ceux qui ont le temps d'attendre ; les premiers seront armés d'abord. Toulon, Bayonne et Toulouse, n'auront pas à se défendre de longtemps, si jamais ces villes doivent voir la guerre. Que tout le Midi, que tous les ports de l'Océan et de la Méditerranée envoient leur artillerie dans les départements menacés. En attendant, nos fonderies et le commerce donneront assez de canons pour que chaque région en puisse couvrir ses défenses. Multiplions les canons et les mitrailleuses.

Enfin, il n'est pas absolument indispensable d'avoir dé l'artillerie sur tous les retranchements. A côté des grands camps solidement approvisionnés pour arrêter les armées, il doit y avoir de petits camps destinés à barrer le passage aux corps de maraudeurs. Derrière leurs tranchées, avec des fusils seulement, surtout si ces derniers sont à longue portée, les gardes nationaux pourront résister longtemps, sauf à se replier vers un camp plus fort lorsque la lutte deviendra impossible. Dans les uns et les autres, on aura des logements abrités, creusés sous la terre, ou blindés pour être à l'abri des bombes et des boulets.

Etat-Major

Sur l'emplacement à choisir pour les camps, on sera vite renseigné si l'on veut. Qu'on interroge au besoin dans chaque canton, dans un certain nombre de communes même, des hommes intelligents, connaissant bien le pays et pouvant donner des indications précises. Nous supposons ici que chaque département va se mettre à l'œuvre pour préparer sa défense. Ces hommes se trouveront sans peine dans la garde nationale par exemple. Il fourniront les renseignements les plus complets. Mais pour recueillir ces renseignements et les mettre à profit, il faudra un ou plusieurs hommes plus intelligents encore, ayant étudié, sachant bien se servir d'une carte, suivre les ramifications des montagnes, voir en examinant les cotes d'altitude comment les hauteurs se commandent et se protégent les unes les autres. De plus, ils devront connaître assez bien la géographie de la France, pour comprendre comment la protection d'un département se relie avec celle des départements voisins, avec celle de notre pays tout entier.

Cet homme ou ces hommes se trouveront parmi ceux qui ont étudié, ingénieurs, professeurs, etc. Il y a, dans presque tous les départements, deux cartes très-utiles, indispensables même, pour faire ces études, celle de l'état-major qui donne les altitudes et le relief, celle de la Voirie qui indique les chemins. Toutes ces recherches, il faut les terminer rapidement; mieux vaut, quand on est pressé d'agir, une petite erreur qu'une longue hésitation. On saura où doivent s'établir le camp ou les camps principaux, les plus forts, les plus garnis d'artillerie, ceux où l'on portera les richesses du pays et la plus grande quantité de provisions. Ensuite, on fixera l'emplacement des autres camps destinés à dominer tel passage, à protéger tel canton ou telle plaine.

Avec un choix un peu intelligent, on trouvera bien vite quelque vallée couverte, cachant un sentier qui permettra de se rendre sans trop de peine d'un camp à un autre, soit pour porter des secours au moment du combat, soit pour opérer la retraite au moment où la résistance est devenue impossible. Choisir les voies, préparer des moyens de communication rapides et sûrs, est le complément indispensable de l'armement des camps retranchés. A chaque moment de cette guerre, on nous montre l'ennemi arrivant à l'improviste par les bois, et l'on s'est pris de mauvaise humeur contre les forêts au point de vouloir les incendier. Mettons-y le feu quand nous pourrons y prendre les Prussiens ; mais véritablement nous devrions être enchantés d'avoir des forêts et plus décidés à en tirer parti. Elles cachent des chemins que nos chasseurs connaissent; chaque arbre sera un abri pour un franc-tireur ou un garde national ; quelques troncs couchés et couverts de terre feront en une heure un retranchement solide.

Seulement, pour profiter de ces accidents de terrain et conduire la résistance avec succès, il faut absolument une connaissance approfondie et raisonnée du pays : il en faut toujours venir là ; nous avons été battus avec la géographie, c'est par la géographie que nous serons vainqueurs. L'étude de la géographie, c'est l'œuvre de l'état-major. La conséquence naturelle sera donc l'établissement, dans chaque département, dans chaque corps important de la garde nationale, d'un état-major, mais d'un état-major véritable et sérieux. Celui-ci devra connaître tous les points à défendre, tous les chemins qui les mettent en communication, l'importance et le rôle de chaque position. Il est à craindre qu'on oublie dans beaucoup. d'endroits cette mission de l'état-major.

L'armée a commencé à commettre cette erreur, et par cette erreur surtout elle a préparé nos désastres. Ce corps semble n'avoir plus qu'une destination étroite et insuffisante. Il accompagne les généraux et les chefs dans les revues, brille à la parade, et porte des ordres. Laissons désormais toute vaine parade, à moins qu'il ne s'agisse de rassurer la population en lui montrant dans une grande revue la force de son armement; que les officiers d'état-major continuent à porter des ordres et à en vérifier l'exécution, mais qu'ils y joignent l'étude, la connaissance géographique du pays.

Sans doute, les connaissances nécessaires à l'état-major d'une grande armée sont très-étendues et réclament du temps. Nous espérons que nos armées sauront bien vite trouver cet état-major qui nous a manqué, en attendant une réforme radicale pour l'avenir. Mais il s'agit ici, dans toute la France, d'avoir pour chaque département des hommes capables de défendre ce département; en se localisant, en se restreignant, l'étude devient plus rapide et plus facile. Restreindre et localiser l'instruction, c'est le grand principe qu'il faut appliquer partout à tous les corps de la garde nationale. On verra combien ce principe est fécond et combien il prépare d'heureux résultats.

Quelquefois, quand il doit organiser la défense d'une ville, l'état-major de la garde nationale doit concentrer ses études sur la topographie de la place et de ses environs. Il y a telles de nos villes dont la défense a un perimètre de vingt, trente et même quarante kilomètres : un sol très-accidenté en rend plus d'une fois l'étude assez compliquée. Eh bien, on trouverait de ces places où l'état-major de la garde nationale a par oubli longuement ajourné cette étude; et quand il faudra, au moment de la lutte, conduire et distribuer les forces, il aura de la peine à s'en tirer sans une perte de temps regrettable.

Sur les points et dans les places où il y a des soldats de l'armée régulière, on s'en remet aux officiers de cette armée. Mais il faut bien se rappeler que la plupart des officiers, arrivés depuis quelques jours à peine et absorbés dès leur arrivée par le travail courant, n'ont pas eu le loisir de faire les études dont nous parlons. Bien loin de pouvoir donner des conseils à la garde nationale, ils auraient grand profit, au contraire, à tirer de ses renseignements.

Cette absence d'étude est tellement grave, elle nous a causé tant de malheurs qu'il faut la combattre énergiquement. Sans parler des causes morales qui l'ont préparée, elle s'est infiltrée dans notre armée d'uue manière en quelque sorte naturelle. Ce sont les guerres d'Afrique qui y ont le plus contribué. Là, dans cette lutte contre une population guerrière mais barbare, les soldats ont montré leur bravoure, acquis de l'élan et de la solidité ; mais nos officiers ont peut-être oublié d'étudier, parce que l'étude y était moins nécessaire. Nous avons fini par croire qu'il suffisait pour le soldat de savoir se battre, et pour le chef de savoir ranger ses troupes sur un champ de bataille ; mais la grande science qui prépare les plans, nous l'avons perdue de vue. La guerre d'Italie a achevé de nous tromper. Dans cette guerre, lorsque nous avons été surpris, comme à Magenta, nous avons réparé notre faute à force de courage ; une seconde fois nous avons cru que le courage seul suffisait.

Cette erreur est reconnue maintenant, et nous venons de voir que, sans ajourner, on peut la réparer immédiatement. En attendant les officiers de notre armée future, qui connaîtront d'une science sérieuse la géographie de la France et de l'Europe, dans chaque ville, dans chaque département, il y aura un corps instruit qui connaîtra la topographie de la ville et la géographie du département. Il peut se faire aider par un corps de guides qu'il trouverait aisément dans les rangs de la garde nationale, et dont l'organisation ne demanderait pas de longs efforts. Ces guides divisés par pelotons correspondants aux cantons qui les fourniraient, se mettraient à la disposition de tous les corps arrivant dans leur pays. Mais nous aurons encore d'autres services aussi importants à demander à l'état-major, lorsque nous étudierons le rôle de chaque corps de la nouvelle armée. A côté du général en chef, il est véritablement la tête intelligente qui prépare les plans, qui donne les ordres, qui en surveille partout l'exécution.

Génie.

Le travail du génie est aussi nettement tracé, aussi indispensable que celui de l'état-major. Jusqu'ici l'organisation des compagnies du génie de la garde nationale n'a eu lieu que dans certaines villes possédant des fortifications ; mais elle paraît indispensable désormais pour tous les départements, puisque chacun d'eux doit avoir ses forteresses à élever et à défendre. Les hommes qui dirigeront la formation des camps retranchés, ingénieurs, contre-maîtres, entrepreneurs, maîtres-maçons, conducteurs des ponts-et-chaussées, seront les officiers et les sous-officiers de ces compagnies ; les terrassiers, les différents ouvriers employés à ces travaux en deviendraient les soldats.

Mais il faut bien prendre garde que l'emploi de ce corps ne devienne, par oubli, aussi défectueux que notre ancien état-major. Supposé, et cette supposition dans quelques villes est une réalité, supposé que le soldat du génie perde tout son temps à apprendre le maniement des armes, il ne remplira pas la destination pour laquelle on l'a choisi. Qu'on se hâte de l'amener à des exercices particuliers à ce corps, ou plutôt qu'il ne fasse pas des exercices purement théoriques, mais qu'il apprenne son métier en se livrant à des travaux utiles. Sur cette montagne ou dans cette vallée, il y a un camp à établir, une redoute à élever, un fossé à creuser, c'est le champ de manœuvre où l'on doit le conduire.

Dans certaines villes où le génie de l'armée dirige les fortifications et les fait faire par des ouvriers enrôlés à la journée, le génie de la garde nationale, se réservant pour l'heure de la lutte, ajourne jusque-là tout travail sérieux. Mais cet ajournement n'aura-t-il pas pour résultat de le rendre incapable au moment où ses travaux seront indispensables? Pourquoi ne viendrait-il pas avec ses hommes, le jour de l'exercice, pendant quelques heures au moins, se mettre à l'œuvre, tantôt pour une tranchée, tantôt pour des gabions, tantôt pour un chemin couvert, de manière à acquérir une instruction solide.

Mais il faut plus encore. Les officiers du génie civil, s'ils sont dans une place de guerre, aussi bien que ceux de l'état-major, doivent étudier sérieusement la topographie et les fortifications de cette place. Chaque fort, chaque rempart, a un rôle qui se comprend avec la réflexion, mais qu'on ne devine pas sans l'avoir étudié. L'un commande une vallée, l'autre protége une route ou doit balayer une plaine. Comment la garde nationale pourra-t-elle concourir à la défense des remparts et, au besoin, les défendre toute seule, si elle ne trouve pas dans son état-major ou dans son génie des officiers qui aient fait cette étude.

Ces études ne seront pas longues. S'il est long de former un officier du génie qui posssèderait la science générale de son arme de manière à pouvoir défendre toute position, la formation d'un officier capable de défendre telle place en particulier ne demandera pas des études très-prolongées. Ici encore, comme pour l'état-major, il faut restreindre et localiser l'instruction. Partout ce principe abrégera les efforts et les rendra plus fructueux.

Non-seulement l'officier du génie civil comprendra vite le rôle des fortifications dont la défense lui est confiée; mais, parce qu'il bornera son attention à une étude restreinte, il lui arrivera quelquefois de découvrir des lacunes et des oublis échappés aux hommes cependant plus instruits qui ont élevé ces fortifications. Sans doute, il serait plus embarrassé dans la création d'un travail comme celui d'un camp retranché. Toutefois, si la nécessité l'exige, même dans le cas où il se trouverait sans aide, il arrivera à réaliser un pareil projet dans des conditions utiles sinon parfaites. Nous devons agir tous : chacun de nous, suivant l'étendue de son intelligence, doit être soldat, officier, général ou ingénieur. Celui qui dresse un camp, s'il choisit un emplacement que l'ennemi ne puisse dominer et que l'on cernera avec peine ; s'il se couvre de manière à n'être exposé au feu de nulle part ; si au contraire ses canons et ses fusils peuvent balayer les chemins par où les agresseurs doivent se présenter, celui-là aura fait une œuvre de valeur.

Mais la mission de l'officier du génie ne s'arrêtera point là. Quand il connaîtra, comme l'officier d'état-major, toute la géographie de la contrée, il devinera sans peine quels sont les passages obligés de l'ennemi. Il choisira l'emplacement des mines, les préparera au moment voulu pour faire sauter les routes et les ponts, ne les distribuant pas au hasard, mais les plaçant au point où elles produiront le plus d'effet. Mines, torpilles, chausses-trapes, engins de destruction, il faudrait que notre sol en fût couvert, que l'ennemi ne pût faire un pas sans rencontrer un danger nouveau, que partout pour l'étranger qui la souille, la terre française eût une tombe creusée.

Il y a deux sortes de mines ou de torpilles dont l'usage doit être préparé. Les unes sont distribuées régulièrement autour d'une ville forte pour être employée à l'heure du siége ; d'autres sont disséminées au loin. Peut-être n'a-t-on pas fait assez usage de ces dernières mines, auxquelles des volontaires ou des francs-tireurs iraient mettre le feu au moment de la présence de l'ennemi. Celles-ci peuvent être utilement employées dans de nombreuses circonstances ; sur les chemins de fer, au moment du passage d'un train ; dans certaines vallées lorsque l'arrivée d'une armée ennemie y amène un corps nombreux ; partout où l'on peut frapper les envahisseurs.

Il faut absolument que ces études soient faites d'avance, car au moment du danger on peut commettre les oublis les plus étranges. Sur la route de Saverne, dans ces quatre tunnels des Vosges, qui réunis comptent près de deux kilomètres, si l'on avait complètement détruit tout le chemin de fer, jamais l'ennemi n'aurait rétabli la voie qui lui amène des munitions et des vivres. Même dans les pays que nous connaissons le plus, il faut se préparer à cette œuvre de destruction intelligente par l'inspection détaillée des lieux. Pour que cet examen ait lieu plus sérieusement et plus rapidement, les officiers du génie peuvent se faire une répartition des cantons, ou des quartiers quand il s'agit d'une grande place. Cette précaution de la répartition du travail est une condition du succès ; elle s'appliquerait avec un égal avantage à l'œuvre de l'état-major.

Ainsi, toujours et partout, tout sera préparé d'avance. En multipliant les pièges, en creusant des mines, en semant le pays de dangers, le génie ne causera pas seulement des pertes incessantes à l'ennemi, il ralentira sa marche ; celui-ci hésitera à s'avancer sur un sol où la mort l'attend sous chaque pierre. L'explosion des mines sera amenée soit directement par des mèches qui donneront le temps de fuir, soit à distance au moyen de l'électricité. La proximité des villes permettra seule d'employer aisément cette dernière.

L'usage de l'électricité se rattache à celui du télégraphe et la télégraphie doit être une branche inséparable du génie. Il semble que dans toute cette guerre nous n'ayons pas su nous en servir comme l'ennemi, pour appeler subitement sur un même lieu des corps souvent peu éloignés du champ de bataille. Il faudrait qu'on reliât, autant que possible, tous les points d'un département, que l'approche de l'ennemi fut signalée dans tous les villages et que le lieu de la concentration des forces pût être indiqué à tous. Il est vrai que cela demande la multiplication des employés et des appareils. La multiplication des employés se fera d'après le même principe que nous indiquons toujours : restreindre l'instruction à ce qui est strictement né-

cessaire pour la circonstance. Ainsi l'usage du cadran à ai-
guille, la réduction des signaux à un nombre limité faciliteront
le travail.

Les employés se retrouveront d'ailleurs dans toutes les gares
en même temps que les appareils. Lorsque l'ennemi s'approche,
on doit sauver les uns et les autres et leur désigner d'avance
le poste qui pourra les utiliser. A défaut de télégraphes élec-
triques, pour les points escarpés, on peut, en s'y prenant d'a-
vance établir un système de signaux imités de ceux de l'ancien
télégraphe, mais en ayant soin de varier souvent la significa-
tion des signes, pour que l'ennemi n'arrive point à la deviner ;
différents alphabets seront préparés pour cela. Un autre système d'un usage aussi facile, pour la nuit particulièrement, est
l'emploi des fusées. Enfin, un dernier usage, tantôt compliqué,
tantôt fort simple, c'est d'allumer des feux sur les hauteurs.

Aucun de ces moyens ne doit être négligé, et tous doivent
être préparés avant l'arrivée de l'ennemi. Dans les villes qui
ont à craindre un siège, les ballons, qui rendent de si grands
services à Paris, ne pourront être bien employés que si l'on y a
songé d'avance. Il faut avant tout avoir un aéronaute qui formera des élèves et surveillera les travaux.

Dans toutes les villes, outre le soin de transmettre les dé-
pêches, les employés du télégraphe auront deux autres missions
particulières, pourvu qu'on ait soin, dès maintenant, de les munir des instruments nécessaires. Ils se serviront de la lumière
électrique pour trahir, pendant la nuit, la présence et les travaux de l'ennemi. Les Prussiens se cachent toujours : au siège
de Paris, ils disparaissent presque pendant le jour, tandis qu'ils
profitent de la nuit pour élever leurs redoutes ; c'est le même
système qui leur fait préparer dans l'ombre des bois leurs attaques imprévues. Enfin, les employés du télégraphe ou des
hommes spéciaux doivent mettre le feu aux torpilles, cette armée souterraine qui environnera toutes les places et tous les
camps retranchés pour vomir ses volcans à l'heure du combat.

Que l'on ne discute pas cette attribution des travaux que

nous mettons dans le ressort du génie, on en confiera l'exécution au corps que l'on voudra, mais il faut absolument que quelqu'un s'en charge. De même que la répartition des cantons d'un département sera faite entre les officiers qui doivent en préparer la défense, il faudra qu'il y ait une répartition des différentes espèces de travaux. Aux uns les fusées, aux autres les ballons ; celui-ci fera les signaux, celui-là mettra le feu aux torpilles. Quand une pareille répartition a lieu, les oublis deviennent impossibles : on sait qui est responsable de chaque partie de la défense. Au contraire, quand la responsabilité d'un travail varié pèse sur un corps tout entier, elle devient vague et ne donne qu'une garantie insuffisante.

Pour rendre plus utiles les indications que nous venons de faire des travaux du génie, il faudrait qu'à la suite de ce manuel qui renferme seulement des renseignements généraux, il arrivât une série d'instructions particulières, courtes et précises sur chaque partie de la défense, génie, télégraphe, état-major, etc. Aujourd'hui, dans chaque ville, dans chaque département, on répète des études et des expériences souvent inutiles, tandis qu'il n'y aurait qu'à s'adresser à la ville voisine pour avoir des indications précieuses. Ce livre aura l'occasion de revenir sur cette question, d'indiquer comment on peut concentrer les renseignements pour simplifier les recherches, et comment on doit former la *théorie complète de la défense*, une sorte de petite encyclopédie de la guerre nationale.

Artillerie.

Il faut que l'artillerie soit partout présente ; nos collines doivent se couvrir de camps retranchés et nos camps retranchés doivent se hérisser de canons. La nécessité de l'artillerie, d'une artillerie nombreuse, est démontrée chaque jour d'une manière plus éclatante ; c'est à elle que l'ennemi doit ses succès. Les

Prussiens qui, dans la **Lorraine**, l'Alsace et la Champagne, ont pu traverser des départements entiers sans rencontrer de la résistance, commencent à trouver des coups de fusils à l'entrée de chaque village. C'est un progrès, mais un progrès insuffisant. Lorsque nos gardes-nationaux et nos francs-tireurs ont lutté victorieusement quelques heures, il arrive des pièces de canons et toute la valeur héroïque de nos combattants doit céder ; le pays est occupé. Donc, au plus vite, des canons avec des camps retranchés, des canons à longue portée sur nos redoutes, des mitrailleuses et des canons légers pour nos colonnes en rase campagne. Que chaque village ait sa petite pièce, que chaque canton, seul ou avec son voisin, ait sa batterie. On peut remarquer que dans les pays de montagne où l'horizon est assez limité, les mitrailleuses et les petites pièces seront suffisantes.

Malgré notre pénurie et la rapidité avec laquelle l'invasion nous a surpris, il y a moyen, nous l'avons vu, d'avoir tout de suite un grand nombre de pièces disponibles, en les empruntant aux villes du Midi et aux ports éloignés de la guerre. Mais qu'on ne se contente point de cette provision, qu'elle s'augmente chaque jour, soit par des achats en Amérique, soit par l'apport accéléré de nos fonderies. Il faut le réclamer avec d'autant plus d'instance que cette partie de l'armement semble peut-être moins activée que les autres. Paris, en face même de l'ennemi, a transformé ses usines en fonderies de canons et a couvert ses remparts d'une artillerie innombrable, le reste de la France, avec ses nombreux établissements métallurgiques, montrerait-il moins d'activité féconde ?

Mais, pour les artilleurs encore, arrivons à une instruction précise au lieu de les laisser s'arrêter à une instruction vague et par conséquent insuffisante. Si l'artillerie doit défendre un camp ou un fort, que les hommes viennent manœuvrer sur ces fortifications, qu'ils examinent, tout autour, les différents points que leurs boulets doivent battre, les chemins par lesquels l'ennemi doit se présenter. Une roche, une maison, une colline se trouvent à deux kilomètres ; il est évident que pour les atteindre il faudra pointer autrement que pour frapper cet arbre éloigné de douze cents mètres seulement. Si vos pièces ne portent qu'à trois kilomètres, il sera inutile de faire feu avant que l'ennemi ait dépassé certaine limite à vous connue.

Donc, les officiers reconnaîtront les distances de tous les points qui environnent le fort ; ils les indiqueront à leurs hommes ; ils exerceront leurs batteries à pointer avec précision, tantôt vers un but, tantôt vers un autre.

En huit jours d'exercice dans un campement désigné, les canonniers de la garde nationale seront plus habiles qu'après de longs mois de manœuvre sur un champ de mars. Ici encore, dans cette étude pratique, les Prussiens nous ont précédés. Dès qu'ils arrivent sur un campement, les officiers d'artillerie font faire cet exercice à leurs soldats, prennent eux-mêmes toutes les indications topographiques, et voient comment ils recevront l'attaque par quelque point qu'elle se présente.

Des courses avec les pièces, pour étudier sur les lieux la défense de tout le département, au moins de certains endroits où l'on attend l'ennemi, ne seraient-elles d'aucune utilité ? On peut réserver ces derniers exercices pour les artilleurs de la campagne. Au moins peut-on, quand on est pressé, envoyer les officiers de l'artillerie, comme ceux de l'état-major et du génie, reconnaître de leurs yeux les passages où la défense pourrait être portée. Qu'ils étudient, qu'ils fassent autant et plus d'études que de manœuvres.

Il y a une sorte d'artillerie qui peut rendre de nombreux services grâce à la nature de notre pays : il s'agit des canonnières. Si l'on avait pu en douter, l'exemple de ce qui se passe à Paris, nous en donnerait la preuve. De petites canonnières blindées amènent rapidement l'attaque sur une rive où l'ennemi cherche à s'établir, et peuvent renverser les ponts qu'il a construits ; elles coupent les communications entre les corps campés sur les deux bords et surveillent toutes les tentatives qu'on ferait par nos rivières. Mais n'arrivera-t-il jamais un moment où elles pourront jouer un rôle plus sérieux, lorsqu'elles ouvriront une route aux convois, aux courriers, aux envois de toute sorte ?

Le service que rend la Seine en permettant l'établissement des canonnières, on peut le demander aussi à un grand nombre de nos cours d'eau, surtout lorsque la saison des pluies va les grossir. La Saône, la Loire, le Rhône seront plus facilement navigables, aussi bien que plusieurs de leurs affluents. Il semble cependant que l'on songe trop peu à les utiliser, c'est un oubli ou un découragement en face de certaines difficultés qui ne sont pas insolubles. Croit-on, pour n'avoir pas des canonnières toutes prêtes, qu'il soit impossible d'en faire ? Serait-il impossible de blinder et d'armer quelques uns de nos bateaux à vapeur ? Si la coque est peu épaisse, elle deviendra plus forte avec le blindage ; en la renforçant à l'intérieur elle supportera cette cuirasse ; en prenant un canon plus léger, il faudra un tirage moindre. Qu'on prenne toutes les précautions mais qu'on agisse,

L'imagination travaille dans un grand nombre de têtes à chercher des inventions merveilleuses pour la guerre et, pendant ce temps, nous négligeons des forces réellement précieuses. Sachons donc tirer profit de toutes nos rivières ; même quand elles ne porteront pas des canonnières, elles rendront de nombreux services. Une section de pontonniers dans l'artillerie de la garde nationale sera très-souvent indispensable. Les pontonniers ne s'occuperont pas seulement de manœuvres, de ces manœuvres qu'on peut faire partout, mais ils étudieront le fleuve qu'ils auront à défendre et tous ses affluents. La Loire et la Saône ne peuvent être utilisées de la même manière. Tantôt on recueillera les eaux pour assurer une profondeur suffisante, tantôt on les répandra dans la campagne pour l'inonder. On connaîtra les points précis où doivent se faire les barrages et les saignées. Quels sont les défilés où la rivière est encaissée et où l'ennemi cherchera à vous arrêter ; dans quel endroit trouvera-t-il des arbres pour abriter ses tirailleurs ? Tous ces détails, les pontonniers iront les étudier sur les lieux ; leurs officiers au moins feront ce travail.

Qu'il s'agisse des canonnières, de l'artillerie, de toute autre arme, toujours et partout il faut qu'on aille voir le pays de ses yeux, le parcourir avec soin ; car la vue des lieux eux-mêmes vous suggèrera une multitude d'idées qui n'arrivent point lorsqu'on néglige cette précaution ; ne comptons jamais sur l'inspiration au moment de la lutte.

Toujours, ces études de toute sorte doivent être faites par les officiers, qui ont habituellement plus de loisir, en même temps que plus de connaissances. Mais lorsque ces explorations préliminaires seront terminées, les hommes de tout grade seront, autant que possible, amenés sur le terrain.

Il y a une troisième section de l'artillerie beaucoup plus restreinte, mais qu'il ne faut pas oublier cependant. A Paris et dans quelques autres endroits envahis, on a plusieurs fois envoyé sur les lignes de chemin de fer des locomotives blindées, que montaient des tirailleurs armés de leurs fusils : on peut y établir des mitrailleuses ou de petites pièces. Peut-être l'emploi de ces forteresses roulantes n'est-il pas assez généralisé. Elles servent à faire la police des chemins de fer, à écarter les maraudeurs, à constater l'état de la voie et à rapporter des renseignements.

Mais il y a une nécessité plus pressante et plus générale d'organiser des transports, quelque chose comme des compagnies de train. Il faut pouvoir, au besoin, conduire rapidement à une distance assez considérable les forces destinées à repousser une invasion subite. Si les hommes sont amenés sur des voitures, au lieu d'être fatigués par la course et partant fort peu utiles, ils arrivent tous frais sur le champ de bataille. Sans doute, il n'est pas toujours nécessaire d'avoir de véritables compagnies de train ; mais ce qui est indispensable, c'est de savoir sur quel nombre de chevaux, de voitures, on peut compter, où on les trouvera, qui les rassemblera, où se fera la réunion, qui les conduira. Il suffira quelquefois pour prendre toutes ces précautions d'en donner la responsabilité à quelques officiers. Ces moyens de transport seront requis pareillement pour l'artillerie et les munitions. Leur emploi variera suivant le pays, et pour les contrées montagneuses, au lieu de voitures, on se pourvoira de mulets. Ne laissons jamais rien à l'imprévu, nous aurons assez de peine pour parer à toutes les surprises de de la guerre.

Garde nationale de ligne.

Toutes les armes spéciales ont de grands services à rendre, mais elles ne peuvent être, en raison même de leur caractère, utilisées partout ; la garde nationale de ligne au contraire doit étendre son action sur tous les points du territoire. Ce n'est pas sans émotion, qu'en traversant nos départements, jusque dans les plus petits villages, on rencontre tous les hommes armés, depuis le père de famille dont la tête est blanchie, jusqu'au jeune homme à peine arrivé à l'adolescence ; partout on entend les commandements de la manœuvre ou la cadence de la marche au pas. L'ennemi trouvera toute la France debout.

Mais c'est ici peut-être qu'il y a trop d'efforts perdus inutilement. Les chefs, tous d'anciens soldats, sont pleins de zèle. et, en formant nos vieux conscrits, ils vont nous donner la victoire. Malheureusement ils forment nos gardes nationaux comme on les a formés au régiment, n'oubliant aucun détail, dont la suppression est sans danger, et prenant une route si longue qu'on aura de la peine à arriver à une instruction complète.

C'est ici qu'un officier intelligent aurait bien mérité en donnant la théorie du garde national combattant ; car il ne s'agit pas de manœuvres mais de combats ; nous partons non pour la parade, mais pour tuer ou être tués. Comment arrivera-t-on à tuer ou à prendre le plus d'ennemis, à perdre le moins d'hommes? Tout est là.

On reconnaît d'abord que la lutte sera toute différente suivant qu'elle aura lieu dans la campagne ou derrière les remparts d'une ville. Dans la campagne, le village fût-il tellement petit qu'il ne comptât que quelques gardes nationaux, il ne faut jamais que l'ennemi puisse y venir impunément : il faut même que l'agresseur trouve un coup de fusil partout où il y aura un Français. Donc il faut que la garde nationale sache faire la chasse à l'homme. C'est triste à dire, mais c'est une nécessité ; tuer ou être tué. (Cependant qu'on ne prenne pas toujours cette expression de tuer à la rigueur de la lettre, on peut par d'autres moyens mettre l'ennemi hors d'état de nuire, comme en le faisant prisonnier ou en le blessant). Que le garde national de la campagne soit exercé à une véritable chasse, à se cacher derrière les arbres, à faire le coup de feu isolément, debout ou en rampant. Mais qu'en se battant tout seul, il sache se replier vers ses voisins, se grouper avec eux en petits pelotons ou en compagnies. C'est donc l'école du tirailleur, mais d'un tirailleur nouveau qu'il lui faut enseigner.

C'est pour la garde nationale de la campagne surtout que les exercices doivent être pratiques, en dehors des théories ordinaires. Si l'ennemi arrive, sur quelle colline s'établiront les hommes armés, quel taillis les cachera, quels arbres formeront la barricade, vers quelle vallée tortueuse attirera-t-on l'ennemi pour le cerner? Quel chemin conduira vers le village ou le camp voisin? Que l'on fasse toutes ces études, tous ces exercices, et nos paysans, sur le terrain de leur village, seront plus habiles et plus forts que les soldats les mieux rompus aux manœuvres les plus savantes.

Sans doute, il est difficile d'étendre pour tous les promenades militaires bien au delà de la commune ; mais ce que tous ne peuvent faire, quelques-uns doivent l'exécuter. On peut faire un triage entre les gardes nationaux de la contrée. Les plus âgés, les moins agiles, les alourdis de toute sorte, devront se retirer vers les postes retranchés qu'on aura préparés ; mais la jeunesse, les chasseurs, les hommes qui ont bon pied et bon œil, seront les vrais tirailleurs destinés à surveiller partout l'ennemi, à ne lui laisser aucun instant de repos.

Ce triage entre les hommes sera fait tout de suite, et, dans chaque compagnie de la campagne, les hommes seront rangés par pelotons, non pas suivant leur taille seulement mais suivant le genre de lutte auquel ils sont réservés. A moins que l'ennemi ne soit peu nombreux ou que les circonstances ne leur en laissent pas le choix, ils n'accepteront jamais le combat en rase campagne. Les manœuvres d'ensemble ont donc moins d'importance pour eux.

Pour l'exécution de ces courses à travers les bois et dans les sentiers cachés, pour savoir se disperser, se réunir, se replier, il faut un exercice longtemps répété afin de s'habituer à comprendre le signal. Trouver des clairons ou des tambours pour ces commandements, serait difficile quelquefois, en même temps que ces instruments sont trop bruyants. Les éclaireurs prussiens, comme nos francs-tireurs, se servent de sifflets. Cet instrument peut être employé avec avantage partout, le clairon étant réservé pour certaines circonstances. L'usage d'ailleurs variera avec les pays.

Les gardes nationaux destinés à s'enfermer dans un camp retranché ou à concourir à la défense d'une ville auront d'autres genres d'exercices. On voit avec inquiétude certaines grandes ville à la veille d'être attaquées, où les gardes nationaux, après cinq ou six semaines d'exercice, en sont encore à la manœuvre par compagnies ou par grandes masses, comme s'ils devaient combattre en bataille rangée, et où ils ne sont nullement exercés au genre de combat qui les attend. C'est sur un rempart qu'on les appellera, pour protéger l'artillerie en cas d'attaque. pour repousser l'assaut et, au besoin, pour faire des sorties : le champ de leur action sera forcément circonscrit.

Par conséquent, c'est sur le rempart qu'il faut les exercer. Si la forteresse est petite, les officiers et leurs hommes doivent la connaître tout entière ; si elle est très-étendue comme la place de Lyon, dont le périmètre actuel est de trente-six kilomètres environ, ils doivent étudier d'abord la portion de la défense assignée à leur bataillon : la répartition des remparts, comme cela a eu lieu à Paris, semblé indispensable. Les chefs, puis les soldats, se rendront compte du rôle assigné à la muraille ou au fort qu'ils gardent ; ils connaîtront les routes, les vallées que leurs feux protègeront, la destination de chaque partie de la muraille ou de l'enceinte.

Il faut qu'ils parcourent jusqu'à une distance assez grande les abords de la place, examinant avec soin tous les replis, les dépressions, les accidents ; qu'ils se demandent comment on peut en tirer parti soit pour l'attaque, soit pour la défense. Il n'y aura pas un seul homme qui ne fasse à part soi une réflexion dont il tirera profit ; tel tertre à peine visible, telle ondulation, un caillou même, peuvent devenir au moment du danger la cause de son salut.

Ensuite la pensée s'habituera à ces créneaux, aux gabions, aux voûtes noires des casemates et, au lieu d'une surprise toujours dangereuse pour l'imagination, le combattant prendra l'habitude de voir ce retranchement destiné à être sa demeure de guerre. En voyant combien il y a de précautions pour protéger sa vie, il finira par ne plus craindre le danger : celui-ci aura diminué des trois quarts. On nous raconte qu'à Paris les bataillons, après avoir reçu leur part de muraille, ont comme rivalisé d'ardeur pour rendre plus solide cette habitation de guerre : ils en ont complété les travaux ; ils l'ont ornée comme on orne sa demeure, seulement ici les ornements sont des réduits à l'abri du feu, solidement blindés, sous lesquels on attendra patiemment les bombes de l'ennemi.

Les officiers de la ligne, comme ceux de l'artillerie, auront calculé avec soin toutes les distances de tous les points visibles du rempart : cette précaution a été prise aussi à Paris ; telle ruine, à 1000 mètres, sera réservée au chassepot ; le fusil rayé du chasseur fera feu quand l'ennemi atteindra cette rampe qui est à 700 mètres ; le piston à canon lisse ne commencera à tirer que si l'attaque s'avance jusqu'à cette pierre qui est à 300 mètres. La connaissance précise de la distance est la condition d'un bon coup de feu ; les tireurs qui seraient fort médiocres dans une campagne inexplorée, deviendront de première force sur ce champ de bataille restreint que l'on confie à leur garde.

Cette étude topographique sera faite de la même manière par les défenseurs du camp retranché. Mais qu'on ne l'oublie pas, qu'on y consacre autant et plus de temps qu'aux manœuvres d'ensemble, qu'aux évolutions destinées à flatter le regard du chef amateur. Avec ces manœuvres sur le champ de la lutte, nos soldats défieront bientôt toute la science allemande. Nous aurons autant de manœuvres qu'il y a de pays divers dans notre France. On ne se battra pas de la même manière sur les pentes du Jura, dans les forêts du Morvan, au milieu des prairies de la Saône. Quelques riches que puissent être les renseignements stratégiques fournis par la science de de Moltke, notre défense sera plus savante encore.

Si ces principes étaient appliqués dans l'armée active, non seulement nos soldats acquerraient bientôt la science qui leur manque ; mais ils rempliraient les loisirs que laissent les intervalles trop longs des exercices ; en devenant plus intelligents ils prendraient plus de goût pour leur métier et une confiance qui aiderait à la discipline.

La formation d'un corps de cavalerie nous demandera moins d'études. Outre que les éléments d'une cavalerie sérieuse manqueront souvent, ce corps qui ne sera peut-être jamais appelé, dans la garde nationale, à fournir des charges, ne peut avoir qu'un rôle restreint. Les cavaliers serviront à faire des reconnaissances, à cerner des compagnies détachées qu'il faut tenir sous le feu des tirailleurs, à donner des estaffettes pour porter les nouvelles. Le service des courriers par cavaliers ou par piétons devra être organisé avec soin,

Entre les différents corps de la garde nationale, c'est le commandement suprême qui fera la répartition des services. De même, dans chaque corps, le chef supérieur assignera toutes les branches du service qui lui est échu, à autant de chefs de sections ou de compagnies. Il faut que, pour toute chose, il y ait toujours un chef responsable à qui on puisse s'adresser, à qui on demande compte de toutes les négligences. Les travaux mal répartis, vaguement déterminés, ou confiés à trop de directeurs, prépareraient des oublis et des dangers.

CHAPITRE II

APPROVISIONNEMENTS

Les Vivres.

Ce principe de la localisation de nos études, qui nous permettra d'abréger les exercices et d'improviser en quelques jours un véritable savoir militaire, supérieur à celui de l'ennemi, est le principe général que ce mémoire s'est proposé avant tout de mettre en lumière. C'est celui que tous nos chefs doivent comprendre : il est tellement clair qu'il frappera, avec la moindre attention, toute intelligence ; il est tellement fécond qu'il donnera des résultats partout où il sera appliqué. Il faut espérer que bientôt, quand on se rendra compte de la facilité d'utiliser les immenses ressources que notre pays possède, la confiance reviendra aux cœurs les plus défiants et la confiance commencera la victoire. Nous allons appliquer ce principe, non plus à ce qui est de la guerre proprement dite, mais à ce qui seul rend la guerre possible, l'administration.

Une proclamation fameuse, en parlant des conditions d'un traité, a dit : pas une pierre de nos forteresses, pas un pouce de notre territoire ; ce programme qui paraissait acceptable après Sedan, nous espérons bientôt le voir modifié : les Prussiens n'auront pas un sou du trésor public, et plus tard, ils payeront les frais. Mais, en attendant, voici le programme économique que nos paysans devraient adopter désormais : pas un sac de nos greniers, pas une bête de nos étables, pas une poule de nos basses-cours. L'exemple de nos riches campagnes, de nos villes opulentes, que les Prussiens réduisent à la misère, n'est-il pas assez éclatant ? Si vous devez mourir de faim, que la faim tue l'ennemi à côté de vous.

Il semble donc que tout doit disparaître avant son arrivée. Le meilleur moyen c'est de vendre tout ce qu'on possède de vendable aux contrées éloignées de la guerre ou imprenables, comme les pays de montagnes ou les places de guerre ; on laissera l'argent en lieu sûr pour racheter plus tard des provisions. Qu'on fasse partir les chevaux, le blé, le bétail, le vin, les récoltes, tout ce qui peut être enlevé ou consommé. Ce que l'on ne vendra pas sera mis en dépôt.

Le second moyen, c'est de cacher son petit trésor. Celui-ci n'est guère applicable au bétail, mais tout le reste se peut cacher au fond des forêts, au milieu des champs : la guerre gardera ces richesses enfouies pour les rendre après la victoire. Cependant ce moyen a des dangers. Quelque lâche traître n'indiquera-t-il pas vos silos ; vous-mêmes, devant les menaces, ne trahirez-vous pas votre secret ? Il est vrai qu'il y a un moyen de ne pas trahir son secret, c'est de partir en masse, chacun emportant, comme à l'époque des barbares, ses enfants et son vieux père. Mais s'il doit rester quelque malheureux trop faible pour fuir, assez fort pour supporter les humiliations, qu'il ne garde que des provisions restreintes. Les combattants qui sont sur la montagne ou dans la forêt, en venant chasser les Prussiens, lui apporteront du pain.

Enfin, s'il reste quelque chose qu'on n'ait pu vendre ou cacher, il faut avoir le courage de le brûler soi-même, de le détruire d'une façon quelconque, dès que l'invasion est instante. La faim et la misère sont des armes redoutables que nous devous tourner contre nos ennemis. Ils ont voulu épouvanter la résistance en se conduisant en barbares, recevons-les comme des barbares.

Mais cette œuvre de dévastation intelligente a besoin d'être réglée ; ce reflux qui doit conduire en lieu sûr nos provisions et nos richesses, il faut qu'il coule dans la voie tracée. N'abandonnons rien au hasard, c'est toujours la règle. Ici encore il faudra une étude locale qui ait tout prévu et réglé d'avance. Que dans chaque village on sache sur quel point les troupeaux doivent être dirigés, quelle ville forte ou quel campement recevront les grains et les fourrages plus difficiles à déplacer. L'officier de la garde nationale, le maire, ou toute autre personne autorisée, auront reçu des indications pour les donner autour d'eux. Le grand déménagement national se fera sans hésitation. Nous verrons qui doit préparer ces instructions. Il est vrai qu'il est difficile de préciser ce que dans chaque pays, et auprès de chaque personne, les autorités ont le droit de réclamer de sacrifices.

Mais, avant que le déménagement s'opère, pour le rendre plus facile, il faut s'informer partout de la quantité de provisions de toute nature que le pays peut fournir. Il faut, dans ce moment où toute la France ne forme plus qu'une grande place de guerre, que nous ayons une statistique complète, non-seulement de tous les hommes sur lesquels la nation peut compter, mais de tous les sacs de blé qui doivent nourrir les combattants. Qu'on explique bien au campagnard toujours défiant, qu'en laissant prendre ses provisions par l'ennemi il fait une œuvre de mauvais citoyen et s'expose à tout perdre ; qu'en les sauvant au contraire pour la France, il rendra un service à la patrie et en touchera le prix.

Ces mesures préparées pour emporter, avant l'arrivée de l'invasion, les richesses de nos campagnes, rendront facile l'œuvre inverse de l'approvisionnement des places. Pour que cet approvisionnement ne soit pas laissé au hasard, il faut avoir calculé d'avance, en même temps que les ressources, les besoins de la consommation. Des calculs précis partout, de l'ordre, de la lumière ; un coup d'œil ne suffit pas, il faut une vérification ; une surabondance apparente cache souvent une pénurie réelle ; on pourrait citer de très-graves erreurs causées par ces inspections superficielles. Quelquefois c'est l'ennemi qui s'est chargé de nous montrer l'erreur en nous infligeant une défaite ou une capitulation hâtive.

Se rendre compte du nombre d'hommes que renfermera la place ou le camp, n'est pas d'une très-grande difficulté. Cependant, aux chiffres donnés par une enquête sérieuse, il faudra toujours ajouter le nombre considérable de fuyards que l'invasion refoulera devant elle. A toute cette foule il faut du pain. L'autorité nourrira ceux qu'elle emploie à la lutte ; le commerce approvisionnera ceux qui vivent à leurs frais. Ce commerce, tout en restant libre, a besoin d'être averti du concours attendu de sa part. Avec ces précautions rien ne manquera dans le triple approvisionnement indispensable à une place : les vivres destinés à l'homme, les animaux de boucherie, et les fourrages réservés à ces derniers.

Des hommes spéciaux, comité ou délégation, formant une espèce d'intendance civile, comme il y a une intendance militaire pour l'armée, seront chargés de tout ce qui concerne les vivres, et, en se partageant la besogne, répondront de l'approvisionnement. Nous retrouvons encore ici le principe applicable à toute branche d'administration : des hommes responsables à la tête, et la division du travail sous le chef qui dirige. Il faut remarquer cependant que la responsabilité imposée à cette intendance civile, s'étend beaucoup plus loin que le travail des intendances militaires ; puisqu'il faut, en même temps, fournir de provisions les places ou les corps, et veiller sur les campagnes pour en sauver les richesses.

Les armes et les munitions.

A chaque Français un fusil. Ce qui a le plus épouvanté la France, lorsque cette série de nouvelles néfastes lui est arrivée depuis Wissembourg jusqu'à Sedan, c'est de trouver, en face d'une invasion formidable, nos arsenaux à moitié vides. Ce qui a le plus irrité la nation, c'est que le gouvernement, en face de cette Allemagne que l'absolutisme de Guillaume avait armée tout entière, dans notre pays du suffrage universel, pour défendre nos foyers, ce gouvernement qui nous avait jetés dans la lutte, refusait de nous donner des armes. La république est née de cette situation monstrueuse; nous ne voulions pas renouveler les ignominies de 1814, et lorsqu'il s'agissait du salut de la France, voir toute la sollicitude du pouvoir réservée pour une dynastie. Il y avait interdiction de fabriquer et de vendre aux citoyens des armes de guerre, entrave pour en faire venir de l'étranger.

Aussi, dès que la République est arrivée, la réaction a-t-elle été tumultueuse : on a mis à se procurer des armes une précipitation qui a eu de graves inconvénients. Dans la distribution d'abord, il y a eu un gaspillage dont les suites ne sont pas entièrement réparées ; lorsque la foule est allée d'elle-même s'emparer de nos forts, chacun a voulu un fusil, et entre les fusils a cherché un chassepot.

Nous avons vu sur nos places des gardes nationaux, qui peut-être ne se serviront jamais de leurs armes, manœuvrer avec des fusils de précision, tandis que des mobiles ou des francs-tireurs défilaient à côté avec de simples fusils à percussion pour aller à l'ennemi. Après cette étrange distribution des armes, est arrivée une autre faute. Tous ceux qui se sont emparés d'un fusil, le considérant en quelque sorte comme leur propriété, l'ont gardé pour leur usage exclusif. De la sorte, dans la même compagnie, tandis que leurs voisins recevaient une instruction complète, des hommes ont manœuvré sans armes pendant de longues semaines.

Un peu d'ordre et un peu de confiance : ne croyons pas qu'on veut nous trahir parce qu'on change notre fusil ou qu'on nous l'enlève. Afin de munir plus vite les départements plus rapprochés de l'invasion, y aurait-il grand malheur à n'armer qu'une partie des gardes nationaux du Midi ? Toutes les villes, toutes les communes de cette partie de la France, se contenteraient d'un certain nombre d'armes, mais ces armes resteraient dans un dépôt pour servir successivement à tous les hommes. Ensuite, le garde national courrait-il un grand danger en rendant son chassepot, lorsqu'il doit rester derrière un rempart pour faire feu seulement au moment de l'assaut ? Si les armes sont réparties avec intelligence, s'il n'y a pas gaspillage, si la répartition se fait suivant les besoins, bientôt cette pénurie qui nous effrayait, aura cessé d'exister.

Il faut donc que la réflexion et l'intelligence du public se prêtent à ce travail de distribution sage ou même la réclament. C'est un service à rendre à notre patrie. Quand cette répartition entre les provinces puis entre les corps sera faite, il en faudra une autre entre les bataillons, les compagnies, d'une même ville et d'un même département. Les besoins, nous l'avons vu, ne sont pas les mêmes à la ville ou à la campagne, dans la montagne ou dans la plaine. Qu'on groupe par compagnies ou par sections de compagnies les mêmes armes, Cela est indispensable pour l'instruction, pour le combat, pour la distribution des munitions, Celui qui peut faire feu à 800 mètres ne saurait être mis avec celui qui ne doit tirer qu'à une distance deux fois plus petite.

Mais la condition indispensable de cette double répartition, c'est d'avoir le chiffre précis du nombre d'armes existantes. Déjà, en parlant des vivres, nous avons constaté que, pour éviter les erreurs, il était indispensable de se rendre compte de ses richesses. Donc, pour les armes comme pour les vivres, il faut faire un recensement, un dénombrement exact, et cette nécessité de la statistique nous la rencontrerons encore, pour les munitions, pour les hommes, pour tout. L'obligation de faire des enquêtes et de dresser une statistique sérieuse, se montre comme un principe absolu. On ne peut pas marcher sans y voir clair ; y voir clair pour l'administration, c'est reconnaître tout ce qu'elle emploie, savoir ce qu'il y a de blé dans ses greniers, de soldats dans ses casernes, de poudre dans ses arsenaux, et connaître l'endroit précis où tout cela se trouve.

Après une distribution malheureuse des armes, est venue une fabrication qui n'a pas été entièrement intelligente. Faute de réflexion, il y a eu gaspillage de forces, d'argent et de temps. Tous les armuriers ont reçu subitement l'autorisation de fabriquer et de vendre des armes de guerre. Il semblait que cette mesure allait nous en donner à profusion. Cependant nous avons été frappés d'en voir si peu offertes aux acheteurs, même dans les magasins les mieux montés. Il y a plusieurs causes à cette pénurie ; beaucoup en demandent, les villes et l'Etat font leur approvisionnement, il faut du temps pour organiser une fabrication.

Mais aussi on s'est égaré. Chaque armurier et d'autres encore ont voulu inventer une arme perfectionnée ou trouver un engin merveilleux. Défions-nous de cette fécondité. Craignons de poursuivre l'ombre pour la réalité et, quand le temps nous presse, de perdre ce temps à des chimères. Si quelque savant qui n'a pas autre chose à faire, trouve quelque engin nouveau et en réalise l'exécution, rien de mieux. Mais que cela ne détourne pas notre attention. Avec toutes les merveilles de la science, persuadons-nous que nous ne serons pas sauvés par ces merveilles, mais bien par les moyens ordinaires, les fusils, les canons, les soldats, les remparts ; c'est à eux qu'il faut songer. La science dont nous avons besoin, est moins celle qui crée des engins, que celle qui emploiera sagement les ressources ordinaires.

Donc, on ne donnera aux machines et engins nouveaux qu'une attention et un argent strictement limités, réservant la plus grosse part de l'un et de l'autre pour des mesures plus pressantes. Ensuite, pour les armes elles-mêmes, canons, fusils, mitrailleuses, au lieu de se perdre dans des essais, qu'on se mette immédiatement à l'œuvre en adoptant les modèles recommandés par l'expérience. Quelques-uns de ces modèles sont consacrés depuis longtemps, d'autres viennent d'être signalés dans certaines villes. C'est parmi ceux-là qu'on doit choisir, et le choix sera réglé d'après les circonstances. Les grandes usines qui ont un outillage perfectionné, pourront adopter les modèles plus délicats ou plus compliqués des mitrailleuses et des chassepots. D'autres se chargeront de la transformation des anciennes armes, quand cette transformation sera nécessaire ; les ateliers qui n'ont que des ressources restreintes feront des armes de moindre valeur sans cesser néanmoins de rendre de grands services.

La fabrication des munitions sera conduite d'après le même principe ; mais il faut ici apporter un élément nouveau. Les munitions seront faites pour les armes auxquelles elles sont destinées : en qualité, en forme, en quantité, elles doivent correspondre très-exactement à ces dernières. Fabrication de fusils et fabrication de cartouches doivent marcher parallèlement. Cela est tellement évident qu'on hésite à écrire cette vérité presque banale. Cependant ces banalités n'ont pas toujours frappé l'attention ; des erreurs très-déplorables ont été commises et peuvent encore aujourd'hui nous causer des mécomptes sérieux. Ces erreurs ne seront plus possibles, si l'on connaît le nombre précis des armes auxquelles les munitions sont destinées. Des enquêtes, des statistiques ; voilà ce qu'il ne faut jamais oublier.

L'achat a pareillement besoin d'être guidé par la statistique. Lui aussi a commencé avec précipitation et se continue avec désordre. Le commerce reçoit des commandes de tous côtés : les départements, les villes, jusqu'aux petites communes, dans un élan de patriotisme admirable, ont voté des fonds pour l'armement des citoyens et, de toutes parts, sont arrivées les demandes. Mais prenons garde de changer ce bien en mal. La foule qui se précipite vers une même porte s'écrase sans sortir.

Il arrive donc ici, comme pour la distribution des armes, qu'il y a de la confusion, de l'inquiétude, des retards, causés par une précipitation aveugle. Soyons patients par intelligence. Laissons l'Etat, dont les troupes se battent sous Paris, armer d'abord ses soldats ; que les villes du centre passent avant celles du Midi ; que chacun se présente à son tour et que le rang soit réglé par le besoin. Le récent décret qui donne au gouvernement le droit de réquérir toutes les armes, a fait quelque chose pour mettre de l'ordre dans les achats ; cependant, par cette décision, l'Etat a pris une responsabilité, l'engagement de ne laisser aucune ville désarmée le jour du danger. Ensuite il faut que cette mesure ne ralentisse pas le zèle des provinces et des villes. Outre cette sage répartition des armes, il y en aurait une autre aussi heureuse, mais peut-être cet idéal dépasse-t-il notre intelligence et notre dévouement. Pourquoi les villes et les départements les plus éloignés, en même temps que leurs fusils, ne feraient-ils pas passer de l'argent prêté aux provinces menacées les premières. Mais tous ces arrangements se feraient dans des conditions meilleures s'ils étaient compris par tous et faits avec l'assentiment des provinces.

Les hommes.

S'il nous faut de la prudence pour ne pas gaspiller et perdre inutilement nos provisions, nos armes, nos munitions, quelle intelligente parcimonie ne devons-nous pas apporter lorsqu'il s'agit des hommes, les enfants de la famille française, la patrie vivante elle-même. Ici les fautes ont été si grossières qu'on ose à peine les rappeler à sa mémoire, tant le cœur en est meurtri douloureusement. Ne parlons pas de cette foule qui dort sur le champ de bataille, ni de nos malheureux prisonniers témoins de la joie blessante des vainqueurs. Ces fautes-là nous les réparerons, mais à la condition cependant de ne pas en commettre de nouvelles.

Nous perdons nos hommes maintenant, en laissant prendre les uns après les autres nos départements, sans y établir une résistance solide. Les gardes nationales déjà armées, longuement exercées, comme celle de Versailles, rendent leurs armes aux Prussiens, assistent inutiles désormais aux luttes de la France, ou même doivent prêter leurs bras aux corvées qui préparent nos défaites. Les recrues qui viennent des contrées envahies, sont rares et n'arrivent jusqu'à nous que décimées. Nous l'avons vu, le remède consistera à couvrir notre pays de camps retranchés.

Mais il semble que tous les autres enfants de la France seront au moins réservés pour le salut de notre pays. Nous avons la classe entière de 1870, la grande levée des mobiles, puis l'appel des hommes de 20 à 40 ans et, derrière tout cela, l'armement de la nation tout entière dans les rangs de la garde nationale. Il semble que toutes nos ressources d'hommes, toutes nos forces vives, sont désormais utilisées et que, dans ce riche trésor du patriotisme français, pas une volonté n'est perdue.

Nous supposons, en effet, que tous les hommes sont véritablement là où le devoir les appelle, que personne n'a été oublié, que personne n'a fui ou n'a échappé par tromperie. Cependant toute cette concentration, ces levées, ces appels seront vains, si vous ne les utilisez pas. Si l'homme arrivé au campement ou dans vos casernes n'y trouve pas l'instruction, il ne deviendra point un soldat ; s'il n'a pas d'armes, son instruction est vaine ; s'il manque de nourriture ou de vêtement, sa volonté dévouée tout à l'heure deviendra mauvaise ; s'il n'a pas de chefs ou s'il a des chefs incapables, l'indiscipline achèvera de le gâter. Alors vous, administrateurs maladroits, vous aurez fait autant de mal que le général qui a mené ses régiments à la capitulation ou à la mort. Des soldats gâtés ne sont pas seulement inutiles, ils sont dangereux pour le pays. Chacun de nous a vu avec tristesse cette décomposition ruiner une belle jeunesse que nous avions rencontrée enthousiaste, lorsqu'elle quittait sa famille pour courir à la défense de la patrie.

Et cependant le bon sens indiquait les remèdes, et de ces remèdes le premier est celui que nous avons vu applicable partout, à tous les désordres. Avant de faire une levée quelconque, il faut par un recensement exact, savoir le nombre d'hommes que la levée fournira, au lieu d'envoyer toute cette masse à la caserne pour la compter quand elle y sera entrée. On s'explique cependant que nos administrateurs, s'improvisant dans leurs fonctions, arrivant à l'heure d'un grand désarroi, joignant par la force des circonstances l'autorité militaire à l'autorité civile, aient été un moment submergés par la multiplicité de leurs devoirs.

Le recensement antérieur, en donnant le nombre d'hommes, indiquera ce qu'il faut préparer de logements, d'armes, de vêtements. Le nouveau venu, en se revêtant à la première heure d'une capote ou d'une vareuse, sentira au-dessus de lui une autorité intelligente dont la prévoyance le rendra tout de suite confiant ; il commencera dès lors à être un soldat. Mais si quelque chose est négligé, à plus forte raison si tout lui manque, même avec la meilleure volonté du monde, il aura des doutes sur l'intelligence de l'autorité. Immédiatement la défiance viendra pour les bons et le désordre pour les mauvais. Entrevoit-on d'ici les paniques devant l'ennemi et les condamnations devant le conseil de guerre?

Le choix des chefs est plus difficile. Si le principe de l'élection est admis, principe qu'on ne discute point ici, il est évident que l'élection ne peut avoir lieu avant que les hommes se connaissent entre eux. Il est donc de toute nécessité qu'il y ait un cadre provisoire choisi d'avance, soit dans l'armée active, soit parmi d'anciens officiers, soit dans la levée elle-même. Ce cadre sera remplacé au moment des élections. Cependant jusque-là, pour empêcher le désordre, pour appuyer ou redresser le commandement provisoire, il y aura dans chaque caserne ou campement un ou plusieurs hommes intelligents ayant autorité complète pour tout surveiller et tout réformer. Si la nomination des chefs appartient au pouvoir, les cadres seront plus facilement formés : nous verrons bientôt comment on doit s'y prendre.

Les levées ne doivent pas se faire par grandes masses. En les échelonnant par intervalles de plusieurs jours, bien loin d'en retarder l'organisation, on la hâtera. Une masse confuse de recrues perd de longs mois à s'organiser; une troupe régulièrement conduite se forme en quelques jours. Les premiers corps formés donneront des instructeurs et des chefs, au moins provisoires, aux levées suivantes. Les exemples d'ordre et d'instruction des premiers soldats encourageront ceux qui sont restés les derniers dans leurs familles. Le bien est contagieux comme le mal.

Lorsque le corps est organisé avec ses chefs, ses armes, ses vêtements, l'autorité ne doit point l'abandonner encore à ses commandants ordinaires. Bien au contraire, il faut qu'une surveillance incessante, de tous les jours, s'assure que les chefs ne s'oublient point et que les soldats font des progrès réguliers. Autour de certaines de nos villes, on a entassé des soldats mobiles et mobilisés qu'on abandonne au désœuvrement. C'est quelque chose de triste de faire de longues courses d'une journée sans rencontrer les compagnies sur le champ de manœuvre, d'entendre ces jeunes soldats se plaindre de ne recevoir aucune instruction. Non-seulement ce désœuvrement retarde l'instruction, mais les heures de loisir laissent entrer dans toutes les têtes l'ennui, puis les regrets du pays, en attendant qu'arrive la désertion.

Si les camps retranchés, qui seuls pourront mettre nos provinces à l'abri, étaient formés déjà, ils deviendraient précieux pour nos conscrits. Là, dans ces forts où tout ferait songer à l'ennemi, au danger de la patrie, l'esprit militaire serait bien vite pris ; l'ennui, la démoralisation, disparaîtraient ; plus d'existence désœuvrée, plus de mauvais conseils ; rien qui pût inspirer des regrets. Les camps plus éloignés de l'ennemi permettraient de former l'instruction théorique du conscrit ; ceux qui sont sur le théâtre de la guerre, lui montreraient la lutte tout en le protégeant, l'initieraient peu à peu à son métier. C'est ce qui arrive à Paris. Les mobiles ont appris à connaître les Prussiens en gardant les forts, maintenant ils les affrontent en rase campagne. Cette initiation progressive, la seule naturelle, formera seule de bons soldats et évitera ces désastres de détail dont les récits nous arrivent parfois. Les logements des camps ne demanderaient pas de grandes dépenses ; les soldats aideraient à les construire.

En attendant ces campements qui sont indispensables, le séjour régulier de la caserne semble préférable. Au contraire, le cantonnement chez l'habitant a quelque chose de malheureux. Sans compter que les habitudes de la vie civile s'y maintiennent plus vivaces, le soldat y trouve trop de mauvais conseils ; il échappe à la surveillance de ses chefs une grande partie de la journée ; le chef lui-même dont l'autorité se relâche, a de la peine à rester fidèle à son devoir.

Ces indications rapides paraissent suffisantes pour le logement du soldat. Ce qu'on a dit sur la nourriture, s'applique en partie au vêtement. La prévoyance dans le choix et la fourniture du vêtement sera d'autant plus essentielle que l'on entre dans la saison des froids. Ce n'est pas seulement un devoir d'humanité de soigner nos soldats, c'est une nécessité patriotique : tout soldat malade ne compte plus pour la lutte et nous ne sommes pas trop riches en défenseurs.

Toutes les mesures pour le campement, le vêtement, le recrutement, demandent qu'il y ait autant de chefs chargés de ces différentes branches de l'administration militaire. Ajoutons-y un chef chargé de la paye. Il faut qu'en toute chose, dès qu'on aperçoit un désordre, on puisse trouver le chef qui aurait dû y rémédier et qui en est responsable. Avoir autant de chefs que de services différents n'est pas seulement une condition pour voir chacun de ces services bien rempli, c'est encore une nécessité maintenant que nos chefs, novices encore, ont de la peine à remplir leurs devoirs bien loin de pouvoir cumuler.

Mais au-dessus de tous ces administrateurs, comme des chefs militaires, il faut une surveillance incessante qui les entoure les uns et les autres, qui ne leur permette de commettre aucune faute. L'état-major seul peut en être chargé. Que ses officiers, aides de camp ou inspecteurs, soient toujours en course, s'assurent du progrès des corps, de leur instruction journalière, des améliorations opérées entre deux visites, tenant les officiers en haleine et les hommes dans une activité qui leur donne de l'espérance. Le public n'assiste pas aux délibérations du gouvernement, il ignore ce qui s'y passe ; mais ce qui se fait dans l'armée, il le voit. Si vos recrues perdent leurs journées dans l'oisiveté, il en conclura avec une certaine raison que l'autorité est inerte ou incapable ; si vos hommes sont armés et occupés, il croit voir de ses yeux la marche de la nation, le mouvement se communique, l'action s'élargit par l'exemple et la confiance renaît. Vous pouvez vivifier jusqu'aux plus engourdis ; mais aussi vous pouvez immobiliser les plus actifs. Le sort de la nation est moins confié au bras des soldats qu'à la tête des chefs.

Ces observations appliquées aux corps mobilisés de toutes catégories conviennent aussi aux gardes nationales qu'il faut stimuler par la surveillance au lieu de les abandonner aux chefs locaux. L'organisation a commencé dans les villes et dans leur voisinage ; mais avec quelle lenteur se communique-t-elle aux campagnes isolées ! Chaque préfet pourrait-il dire où elle en est dans chaque village? Il faudrait cependant plus encore. On doit savoir, en les voyant à l'œuvre, ce que valent les hommes et les officiers, à quel service on peut utiliser les différentes compagnies. De même qu'il faut étudier les lieux, il faut étudier les hommes : les capitaines, les officiers, les bataillons, ne sont pas des quantités qui se valent, et qu'on puisse employer indifféremment parce que les premiers portent les mêmes épaulettes et que les derniers ont le même nombre de soldats.

On voit quels nombreux travaux il faut exiger de l'état-major et quels devoirs multiples il faut lui imposer ; car nous terminons l'examen de l'armée par le corps que nous avons vu le premier. Il est comme l'âme de l'armée, l'intelligence de ce grand corps. Il doit tout savoir, tout préparer, porter tous les ordres, en vérifier partout l'exécution. Et encore cette œuvre immense se doublera-t-elle, lorsque ces forces se mettront en action, lorsqu'à chaque jour, à chaque heure même, il faudra régler et vérifier chacun des mouvements de chaque corps. Et cette même étude doit être faite sur l'armée ennemie. On se récriera peut-être contre cette lourde tâche imposée à l'état-major ; mais c'est une nécessité : il faut qu'il y ait un corps qui concentre tous les renseignements, toute l'intelligence de toute chose. Donnez à ce corps le nom que vous voudrez, il faut qu'il existe. Il est vrai qu'ici, comme partout, se trouve le remède : la division du travail entre les différents officiers. Mais un homme qui ne pourra pas diviser sa besogne, qui doit tenir tout dans sa tête et donner à tout le mouvement, c'est le commandant en chef. Cependant celui-ci ne sera pas écrasé s'il est consciencieux, intelligent et secondé par des chefs qui remplissent leurs devoirs.

CHAPITRE III

ADMINISTRATION

Comité départemental de défense.

Nous venons d'achever une double étude. Dans la première nous avons examiné les différents corps auxquels doit être confiée la défense locale : état-major, génie, artillerie, ligne, et nous avons vu combien de travaux divers doivent être assignés à chacun de ces corps. Dans la seconde, sur les approvisionnements, nous avons recherché tout ce qui est nécessaire à l'armée locale : vivres, logements, munitions. L'étude des camps retranchés devait appartenir à ce deuxième chapitre, mais elle était tellement capitale, tellement pressante, qu'elle a dû sortir de son rang pour aller se mettre à la tête du mémoire. Nous avons vu que pour assurer l'approvisionnement complet, il faut un ou plusieurs hommes qui surveillent chaque branche de cet approvisionnement. Il faudra de plus une autorité centrale, commission, conseil ou comité, qui veille sur l'ensemble de tous ces travaux. Mais si nous connaissons le travail auquel ces hommes doivent apporter leurs soins, nous ne savons pas encore où nous prendrons les hommes eux-mêmes.

quelles qualités nous devons réclamer de leur part. Quand ces hommes seront trouvés et choisis, comment devront-ils s'y prendre pour remplir leur œuvre et nous donner tout ce que nous attendons de leurs efforts ? Cette étude est plus délicate que toutes les autres ; il faut cependant l'aborder, mais sans autre préoccupation que le désir très-sincère d'arriver à la vérité.

Ce qui ajoute à la difficulté, c'est que nous avons peu d'hommes et que nos hommes n'ont pas été préparés pour la tâche qu'on veut leur imposer. L'empire qui nous demandait encore un vote de confiance pour déclarer la guerre actuelle, qui n'aimait pas la discussion de ses actes, qui voulait qu'on le suivît en aveugle, n'était pas fait pour créer des hommes. Ceux qui, avec de l'intelligence, se sentaient de l'aversion pour un régime pareil, se tenaient à l'écart de l'administration publique. Aussi, quand la chute est arrivée tout à coup, lorsqu'il a fallu changer subitement des rouages vieillis, il y a eu forcément de l'embarras et de l'hésitation. On a dû conserver d'abord quelques administrateurs qui n'offraient que des garanties insuffisantes, mais qu'il était difficile de remplacer ; nos chefs nouveaux même les plus intelligents, sont arrivés dans des travaux, dans des pays, inconnus pour eux. Cela suffit pour expliquer les hésitations.

Mais qu'on réfléchisse un peu et tout ce trouble embarrassant se dissipera. Bientôt nous trouverons les hommes qu'il nous faut, le bon sens nous guidera dans cette recherche. D'abord écartons un principe monarchique. Sous l'empire, la première qualité requise afin d'arriver au pouvoir, était de se dévouer aveuglément à la dynastie ; la république voudrait-elle aussi avoir des intérêts dynastiques, en choisissant ceux qui devront la défendre contre l'étranger, dans les rangs exclusifs de certains partis ? On peut être un républicain de vieille date et n'être qu'un chef médiocre. Donc, point d'exclusion de cette sorte. Tout homme intelligent qui apportera un concours loyal à la république, doit être accepté.

Une erreur contraire fera rechercher pour notre nouvelle administration militaire des hommes qui soient tous sortis de l'ancienne armée. Le moindre sergent obtiendra les commandements les plus élevés et les postes les plus délicats. Il faudrait peut être faire une distinction. Les anciens militaires sont d'excellents instructeurs : on l'accordera, quoique la tradition qu'ils représentent ait ses dangers, comme nous l'avons vu. Mais pour savoir faire l'exercice, on n'est pas pour cela un organisateur, quelquefois même c'est tout le contraire. Aussi faudrait-il, à côté des chefs supérieurs sortis de l'armée, des hommes à qui l'étude et l'expérience aient donné des idées. Celui qui a dans sa tête une large provision de connaissances, deviendra un chef précieux et, s'il se donnait la peine d'étudier la théorie des manœuvres, bientôt il commanderait aussi bien sinon mieux que le militaire vieilli dans l'armée. Ainsi il ne faut ni l'exclusion militaire, ni l'exclusion politique.

Une troisième observation est plus délicate. La direction de la défense doit-elle appartenir exclusivement à une assemblée politique, comme à un conseil municipal ou à un conseil général ? La réponse est claire. En nommant un conseiller municipal, a-t-on choisi un homme parce qu'il était le plus capable de défendre le pays dans une lutte armée ? Il semble qu'on y a peu songé. En devenant membre d'une assemblée politique, acquiert-on le savoir nécessaire à un organisateur militaire ? Donc, la défense ne peut être confiée d'une manière exclusive à un conseil de cette sorte. Qu'on ne voie dans ce jugement un blâme pour personne, ce mémoire se met à un point de vue absolu ; il n'est pas fait pour une ville en particulier.

Sans doute le conseil doit avoir une large part dans les travaux de la défense, puisqu'il vote les fonds et les mesures nécessaires ; mais il ne peut songer à organiser seul cette défense. Maintenant, à défaut du conseil, où prendra-t-on le comité de défense, qui le nommera ? Sans entrer dans des détails, il semble que ce comité peut avoir trois sortes de membres : les uns désignés par la garde nationale, d'autres choisis

par le pouvoir central, d'autres enfin par le conseil municipal ;
l'armée y trouvera place pour ses chefs.

Ce comité formé, le premier devoir de ses membres, c'est
·de comprendre bien l'étendue des travaux, la multiplicité des
matières, qui réclament leur attention et que leur action doit
régler. Nous les avons fait connaître dans le présent mémoire
et nous le rappelons ici d'une manière sommaire. Dans l'armée
des citoyens nous avons trouvé quatre corps principaux : l'état-
major, le génie, l'artillerie, la ligne ; dans l'étude sur l'armement, nous avons rencontré sept questions principales sur :
les fortifications, les armes, les munitions, les vivres, les vêtements, la nourriture, la solde. Il en résulte qu'il y a au moins
onze objets sur lesquels le comité doit porter son attention.
Cette énumération doit être faite avec une exactitude scrupu-
leuse, car un oubli aurait les conséquences les plus fâcheuses.

Une fois l'etendue du travail bien constatée, bien mesurée,
il faut que les différentes questions en soient partagées entre
autant de sections de l'assemblée. Cette division est une condition indispensable pour que le travail marche avec rapidité
et pour qu'il soit bien fait. Les membres d'une section, règle
générale, doivent poursuivre l'étude dont ils sont chargés,
jusqu'à ce qu'elle aboutisse à une exécution complète, sans la
perdre jamais de vue.

Il faut distinguer l'étude, la discussion, de l'exécution sous
peine de voir commettre de nombreuses négligences. Le comité
et les sections qui le composent, viennent, par exemple, de
décider la fabrication d'une certaine quantité de poudres, de
fusils, de cartouches. Il faudra un homme spécialement désigné
pour suivre chacune de ces fabrications, pour en réunir les
matières premières, les ouvriers, tous les éléments. Le comité
et les sections perdent trop de temps dans leurs séances journalières et manquent peut-être de connaissances spéciales pour
entrer dans ces détails.

Ensuite, un comité ou une section ne peuvent pas prendre
une véritable responsabilité ; quand on est plusieurs réunis

pour le même travail, on se renvoie mutuellement cette responsabilité, pour que celle-ci existe réellement, pour qu'elle
donne des garanties, il faut qu'elle repose sur une seule tête.
Ainsi qu'on prenne plusieurs personnes pour délibérer, mais
qu'il n'y ait pour agir qu'un homme seul. Sans doute celui-ci
prendra des aides, mais sous sa responsabilité.

Pour résumer, les principes qui doivent diriger les travaux
d'un comité se réduisent à quatre :

Il faut 1° faire le recensement complet de tous les travaux
à exécuter ;

2° Diviser ce travail entre les sections ;

3° Distinguer la discussion de l'exécution ;

4° Confier l'exécution de chaque travail à un homme seul
qui sera responsable.

Le comité de défense pour s'éclairer sur chacune des questions
qui se présentent à son étude, aura auprès de lui une commission composée d'hommes spéciaux : ingénieurs, mécaniciens,
chimistes, mathématiciens. Mais il faut que le travail de cette
commission soit régulièremont tracé au lieu d'être abandonné
à l'aventure. Si elle se borne à écouter les inventeurs et à
contrôler les engins qui lui sont présentés, son rôle est tout à
fait insuffisant. Comme tous les travaux nécessaires à la défense
doivent être exécutés, il n'en est pas un sur lequel le comité
de défense ne doive demander un rapport précis, pratique,
immédiatement applicable. Si ces rapports ne sont pas réclamés,
par un oubli quelconque, il n'en est pas un que la commission
ne doive préparer de sa propre initiative. Enfin, cette réunion
d'hommes instruits doit pouvoir fournir tous ceux qui seront
chargés de l'exécution d'un travail, les chefs responsables
auxquels chaque partie de la défense sera confiée.

Après tout cela, il y a un autre soin auquel le comité de
défense d'un département ne doit pas rester étranger. Il faut
que, chaque jour et à chaque heure, sur toutes les questions
intéressant la défense, il puisse donner des renseignements
précis au gouvernement central et autres départements. On y

pourvoira en établissant une commission d'enquête, de statistique et de renseignements. Pour utiliser les ressources de la France et les trouver rapidement, le gouvernement central a besoin qu'on lui prépare le travail ; qu'on lui fasse connaître ces ressources, l'endroit où il les trouvera et le moment où elles seront disponibles. Toutes ces indications seront fournies par la commission de statistique.

Les départements ont encore plus besoin de ces renseignements, de ces prêts intellectuels qui donneront à chacun d'eux une marche plus rapide et plus sûre. Toutes les recherches faites par Toulouse et par Bordeaux, Marseille et Lyon les font aussi ; tous les départements doivent les faire en même temps. Donc, pour ne pas perdre des jours précieux dans ces recherches, pour ne pas gaspiller nos efforts, nos forces, notre intelligence, dans la discussion de problêmes déjà résolus, il faut que les départements puissent mettre en commun tout ce qu'ils ont de renseignements et de trésors intellectuels. Bientôt devant cette sage direction qui réunira tous les efforts de l'Etat, des départements, des villes, des simples citoyens, dans un effort immense, il est impossible que l'invasion étrangère puisse résister.

La lutte nationale.

Cette action générale qui doit embrasser la France entière, coordonner tous les efforts pour arriver à l'expulsion de l'ennemi, n'appartient plus à la décision de l'autorité locale ou des populations, mais elle a été remise au gouvernement central. Aussi devrait-elle rester en dehors de cette étude. Plusieurs motifs cependant nous forcent à l'amener devant l'opinion pour la discuter au moins dans ses principes généraux. D'abord, il n'y a pas à le cacher, à tort ou à raison l'opinion est devenue inquiète. Emue par nos désastres, elle craint de rencontrer des trahisons ou une impéritie également dangereuse. Dissiper cette défiance est la condition première du succès.

La crainte du public a été jusqu'à un certain point légitime, quoique son appréciation sur les hommes se soit trompée souvent. Au moment où la guerre a été déclarée, le gouvernement pensait que toute la lutte se porterait à l'extérieur, et que les départements à peu près dégarnis de troupes n'avaient pas besoin de chefs bien actifs. Alors tous les vieux généraux qu'on avait mis à la retraite comme incapables de commander, ont été rappelés à l'activité. Ce sont ces vieillards, plusieurs impotents, incapables de monter à cheval, qui devaient désormais conduire une guerre comme on n'en vit jamais, créer des forces, trouver des plans nouveaux et déployer une énergie incessante. Ils auraient dû comprendre eux-mêmes que cette tâche dépasse leurs forces : ils se seraient évité des attaques qu'ils ne méritent peut-être pas par leur caractère personnel, mais que leur position rendait inévitables.

L'erreur a paru encore plus extraordinaire, lorsqu'on a vu le gouvernement républicain consacrer presque cette conduite et laisser d'abord le commandement à des mains débiles. Sans doute, une nature plus heureusement douée peut avoir conservé à quelques-uns de ces généraux une vigueur exceptionnelle d'esprit et de corps. Dans ce cas, le gouvernement fera des exceptions comme la nature. Mais, sauf cette réserve, il faut un changement. Heureusement un chef du gouvernement, plus décidé et plus jeune, nous annonce cette réforme. « C'est la tradition de la République, nous dit-on, d'armer les jeunes chefs. Nous en ferons. » Nous comptons sur cette parole. Mais prenons garde seulement qu'avec la jeunesse de l'âge il y ait celle de la volonté et de l'intelligence.

Ainsi, nous aurons des généraux jeunes, actifs, dévoués. Par le sommet, la réforme va être réalisée, en attendant qu'elle s'étende plus loin. Mais à l'autre extrémité de la hiérarchie militaire, il n'est pas moins pressant de prendre une mesure étendue, énergique. Il faut de nombreux sous-officiers, de nombreux officiers inférieurs. On parle de certains dépôts où les soldats seraient entassés, tandis que les instructeurs et les sous-officiers feraient défaut. Ces recrues et ces volontaires qui affluent vers nos régiments, ne trouveraient presque personne pour les former. On a entendu des soldats se plaindre de rester désœuvrés. Alors l'indiscipline est venue. Les chefs de corps ont été accusés de trahison, lorsque peut-être ils étaient trahis eux-mêmes par l'oubli du gouvernement.

Au milieu de cette pénurie, on voit avec étonnement se fermer la seule école d'officiers que nous eussions. Parce que Saint-Cyr est occupé par l'ennemi, ne reste-t-il donc aucune ville pour y établir une école militaire ? Il faut ouvrir tout de suite des écoles qui remplaceraient celles de Saint-Cyr, de Metz, l'Ecole polytechnique. On en trouverait sans peine les éléments. Comme élèves on aura tous ceux qui ont été admis ou admissibles aux derniers examens ; on peut même doubler et tripler ce nombre. Toutes nos autres écoles pourraient fournir des sujets capables, les écoles de médecine, de droit, des arts et métiers, etc. Remarquons que la guerre actuelle est une de celles qui exigent le plus de science, que l'homme instruit est plus apte à recevoir une instruction nouvelle ; ensuite que cette supériorité intellectuelle, dans une époque d'égalité républicaine, est facilement reconnue par les esprits les plus jaloux.

Pour créer cette école ou ces écoles nouvelles, on trouvera tout ce qu'il faut dans nos grandes villes, logements et ressources, instruction. Des officiers en retraite, blessés, ou disponibles de toute autre façon, donneront l'enseignement militaire. Les professeurs de nos Facultés ou de nos Lycées enseigneront les mathématiques, la physique, la géographie. On ira vite à l'instruction la plus indispensable et, en quelques mois, vous aurez des sous-lieutenants aussi solides, meilleurs même que s'ils étaient pris parmi les vieux sous-officiers. A ces derniers, l'avancement ne sera pas fermé ; car les vides faits par les canons ennemis ou la création des corps nouveaux ont multiplié les besoins.

Il faut aussi créer des sous-officiers. Les conscrits des dernières levées sont restés assez longtemps chez eux. Pourquoi, dès les premiers jours, n'aurait-on pas offert à ceux qui ont reçu quelque instruction, chose toujours facile à constater, de partir sans retard. On les réunirait dans quelques grands dépôts qui formeraient des écoles de sous-officiers. Ils auraient, en un mois, acquis une instruction presque complète, qui permettrait de leur donner les galons. N'entendons-nous pas, dans la garde nationale, reconnaître par d'anciens soldats, que des manœuvres apprises ici en une séance, demandent des semaines au régiments? Cela nous montre ce que nous pourrions attendre de ces jeunes gens.

Et tout cet élément nouveau donnera à notre armée une vigueur morale qui est bien plus solide que la vigueur physique. Elle sentira un esprit nouveau, l'esprit qui élève les cœurs, qui donne la discipline, qui inspire les dévouements, qui prépare la victoire. Les anciens officiers eux-mêmes seront gagnés par cet élan et deviendront dévoués au nouveau gouvernement. En effet, pour peu qu'on les ait vus de près, dans cette armée que le gouvernement croyait avoir rompue à une obéissance aveugle, on a entendu des murmures exprimés tout bas. La faveur, en écartant le mérite, avait fait bien des mécontents, parmi ceux-là surtout qui ne comptaient pour avancer que sur leur mérite personnel. Ces derniers sont acquis d'avance au gouvernement qui cherchera la véritable valeur : la république leur doit une réparation.

Avec ce double élément, la jeunesse généreuse et le mérite reconnu par des récompenses légitimes, la vieille armée disparaîtra. Sans doute l'armée a été riche toujours en bravoure et en dévouement, mais on lui demandait autre chose que de la vertu. Elle devait reconnaître non pas la nation, mais le prince : elle devait soutenir ce dernier toujours, partout et contre tout. Cette armée du 18 brumaire et du 2 décembre est morte. Les soldats et les officiers, aussi bien que la nation, ne peuvent le regretter ; c'est la tradition absolutiste qui lui a infligé la honte de Sedan ; la patrie les convie à une destinée plus glorieuse.

La grande guerre.

Il serait prétentieux de vouloir tracer un plan de guerre et, si les indications qu'on peut fournir ont une valeur quelconque, il serait dangereux de les livrer à la publicité. Il y a cependant quelque avantage à se rendre compte, d'une manière un peu large, des moyens qui amèneront notre salut. Puisque toute la nation doit concourir à l'œuvre, toute elle doit comprendre la marche générale de la lutte. Les populations mieux renseignées se prêteront plus volontiers à certains arrangements qui sembleraient négliger les intérêts particuliers de quelques localités ; l'armement et les mesures de défense de chaque département pourront se raccorder à ce plan ; l'espoir et la confiance commenceront nos succès.

Nous avons deux choses à faire : d'abord attaquer l'ennemi qui est devant Paris ; puis nous préparer à une lutte à outrance pour le cas improbable où Paris serait pris. Maintenant que les élections à la Constituante sont écartées, on se réjouit presque de ce que personne n'a le droit de traiter définitivement avec le vainqueur. Le gouvernement actuel a le droit de vaincre, mais hormis le cas où il aurait délivré notre territoire, pourrait-il nous faire accepter des conditions désavantageuses? Les départements, les provinces, ne reprendraient-ils pas leur droit souverain de continuer la lutte? Elle se continuera.

Pour la défense de la France, pour le salut de Paris, pour le succès complet, il faut bien comprendre les grands traits de la géographie de notre pays. Un plateau montagneux, large, épais, aux accès difficiles, commençant presque en face de

Lyon sur le Rhône, et se continuant jusqu'à la Charente, coupe la France en deux parties aussi distinctes par la nature du sol que par les traditions historiques. Dans la partie méridionale où l'ennemi n'arriverait pas même après deux ans de victoires, établissons nos arsenaux, nos fabriques de poudre et de canons, les dépôts des nouvelles levées, tout ce qui craint une menace de l'ennemi. Sans doute, d'autres recoins dans les montagnes sont également inaccessibles, mais nous n'examinons que les grands traits de la géographie française.

De cette France méridionale, la France de réserve, un chemin couvert, protégé, riche, populeux, conduit jusqu'aux portes de l'Allemagne. C'est la vallée du Rhône et de la Saône. Si l'on veut, jamais l'ennemi n'y mettra les pieds. Au nord, vers l'entrée, nous avons de fortes positions, deux places de guerre, Belfort et Langres, la partie la plus élevée des Vosges. A l'est, la Franche-Comté rendra inaccessibles les vallées du Jura. Tout le long de l'ouest, depuis Langres jusqu'aux Cévennes propres, les hauteurs pour être moins considérables ont des positions magnifiques où des camps retranchés, même avec des gardes nationaux, deviendraient imprenables. C'est sur la ligne des hauteurs qu'il faut établir les camps principaux. Avec ces précautions, jamais l'ennemi ne pourra pénétrer dans la vallée intérieure de la Saône et du Rhône. S'il y arrive, il faut que nos soldats s'entassant dans les montagnes, le prennent comme dans une souricière. Remarquons que les montagnes doivent être le champ de bataille des armées de récente formation ; l'ennemi n'y peut jamais entasser de grandes forces, la lutte y devient une guérilla, où l'agilité et la bravoure personnelle ont plus de jeu que la science. Ainsi, deux contrées assurées : le Midi imprenable et le bassin du Rhône que nous pouvons fermer.

Alors, nos forces cheminant par ce chemin couvert, s'entassant autour du ballon d'Alsace, s'appuyant sur Belfort ou sur Langres, ont une voie tracée qui leur permet de menacer l'Allemagne, de couper les communications des Prussiens campés sous Paris, de se mettre en route vers Metz. Ici, les détails sont inutiles pour une discussion publique. Cette armée arrivée par la Saône, fut-elle seule, peut nous sauver, parce qu'elle peut prendre aux ennemis les routes qui leur envoient des renforts et des munitions.

Sur les bords de l'Océan, occupant une position analogue au bassin du Rhône, il y a un autre groupe de pays également précieux pour la défense. Le Poitou, la Bretagne, l'Anjou, le Maine, une partie de la Normandie, forment une région où l'ennemi ne pénètrera jamais, non-seulement parce qu'elle est découpée de collines favorables à la défense, mais parce qu'elle nourrit une de nos races les plus généreuses.

Comme la vallée orientale du Rhône et de la Saône conduit jusqu'aux Vosges sur les derrières de l'ennemi, cette région ondulée de l'ouest mène jusqu'en face du grand camp de Guillaume établi à Versailles. On peut, en cheminant à travers ces riches contrées venir s'installer en face de notre ennemi, le surveiller, l'attaquer de vive force quand le moment sera arrivé, et jusque-là lui interdire toutes les courses qu'il tenterait pour se ravitailler. Il ne serait pas difficile d'indiquer telle forte position que l'ennemi n'enlèverait jamais. Si Guillaume s'est établi à Versailles, quels que soient les autres motifs, il est évident qu'il a voulu surtout, maintenant que la Champagne, la Lorraine et l'Alsace n'ont plus de pain à lui donner, trouver des ressources dans les plantureuses campagnes de la Normandie.

Un vaste camp retranché dans ces régions de l'ouest empêchera les fourrageurs ennemis d'aller chercher des provisions ; non-seulement il condamnera les Prussiens à la faim, mais il les forcera à rester agglomérés vers leur camp de Versailles, c'est-à-dire à affaiblir d'autant les autres positions. Quand même la Prusse n'aurait pas épuisé sa population militaire, quand même elle aurait encore des armées nombreuses à faire venir, elle ne peut les amener autour de Paris. Cette foule, épuisant les provisions de l'armée ennemie, ne servirait qu'à hâter sa ruine, si nous fermons pour elle tous les moyens de se ravitailler.

Le rôle de l'ouest, comme celui de l'est, est donc nettement tracé. Celui du nord n'est pas moins clair. Dans ce pays qui a de nombreuses citadelles, comme Lille et Douai, les forces qu'un général intelligent réunira en armée, donneront des inquiétudes sérieuses à l'ennemi. En effet, elles peuvent menacer à la fois ceux qui assiégent Paris ou ceux qui assiégent Mézières. Cette région, même dans le cas où l'ennemi pénètrerait jusqu'à la Manche, ne peut être complètement isolée. Nous aurons toujours notre flotte pour rester avec ce pays en relations journalières. C'est un rôle auquel notre marine peut se préparer comme à une éventualité qui ne serait pas improbable.

Reste maintenant la partie centrale de la vallée de la Loire. Certainement il n'y a aucune hauteur importante entre Paris et Orléans. Sur ce point, il y a comme une porte ouverte qui met en communication les bassins de la Seine et de la Loire. un grand chemin que toutes les invasions ont suivi, lorsqu'elles ont pénétré dans le cœur de la France. Mais d'abord on peut mettre des sentinelles de chaque côté de cette porte, c'est-à-dire des camps retranchés qui s'appuient, à droite et à gauche, aux dernières hauteurs du Morvan et du Perche. Alors, quand une porte est ainsi gardée, on y regarde à deux fois avant d'y pénétrer, on est obligé de n'y envoyer que de fortes armées ce qui affaiblirait d'autant le siége de Paris.

Cette porte elle-même aurait dû être fermée par un camp retranché établi dans la forêt d'Orléans. Puisqu'on ne la pas fait, puisque l'ennemi s'est avancé jusqu'à la Loire, il faut le rappeler en arrière en menaçant ses communications, en cheminant par les hauteurs indiquées tout à l'heure. En attendant que notre armée soit assez forte pour le refouler, il faut préparer plus au sud une ligne de camps, qui empêche l'invasion de s'étendre. Mais, en exagérant toutes les prévisions fâcheuses, lors même que nous serions vaincus sur ce point, quand nos forces de la Loire n'éprouveraient que des échecs, nos trois autres armées suffiront pour nous sauver.

En résumé, il semble que nos armées, afin d'attaquer les Prussiens sous Paris, ont trois choses à faire : combattre vers l'est pour couper les communications avec l'Allemagne ; enfermer les assiégeants dans un cercle de camps retranchés pour les affamer ; puis, quand nos troupes seront formées, comme nous pourrons les menacer sur plusieurs points à la fois, comme leurs campements sont trop étendus pour qu'ils puissent se concentrer toujours, leur livrer bataille au moment propice. Une défaite les détruira, plusieurs défaites de suite ne nous mettront point à leur merci. Mais hâtons-nous.

Pour quiconque réfléchit, il est bien évident que nous sommes sûrs du succès simplement avec de la persévérance. Redisons-le encore : pour arriver à ce succès nous n'avons pas besoin d'imaginer quelque moyen merveilleux ou de trouver un génie extraordinaire. Avec les ressources que nous avons, avec nos hommes, avec notre armement insuffisant mais qui se complète chaque jour, avec nos officiers et nos généraux qu'on improvise, nous serons vainqueurs. Il suffit, de notre côté, d'être persévérants ; du côté de nos généraux, de n'être pas négligents. Que nos chefs connaissent mieux l'ennemi, qu'ils utilisent nos ressources, qu'ils sachent la géographie de la France.

Cette tâche que nous voulons imposer à nos généraux n'est pas bien lourde, même pour une intelligence qui n'est pas le génie. Elle peut encore se partager pour accroître nos chances de succès. Lorsque Hoche, Moreau, Jourdan arrêtaient l'invasion, Carnot préparait les plans de nos campagnes et l'organisation de nos armées. La France peut n'avoir pas la chance de rencontrer un nouveau Carnot, mais elle n'est pas tellement pauvre en hommes instruits, qu'elle ne trouve dans leur savoir réuni des indications nécessaires à nos généraux. Ces derniers n'ont pas tous le temps de faire des recherches; de réparer peut être des études un peu écourtées. Ce travail, d'autres le feraient pour eux.

Les Unions provinciales

On ne peut le dissimuler, il y a dans la politique actuelle une lutte d'idées que 1848 n'avait point connues : la rivalité entre l'idée d'unité centralisée et l'idée de fédération. Cette discussion se reprendra plus tard, et nous croyons à un résultat heureux que préparerait l'alliance de ces deux principes. Mais, au point de vue de la guerre, il est impossible de ne pas apercevoir cette double tendance. Pendant que l'Etat prépare la lutte générale, les départements organisent la défense locale. L'une et l'autre sont nécessaires, mais doivent rester d'accord.

Nous avons étudié ce double système de défense. Il y a un projet intermédiaire qui s'est déjà manifesté sur plusieurs points du pays, et qu'il ne faudrait pas condamner tout à fait parce que certains esprits peu clairvoyants ou trop ambitieux ont cherché à l'exploiter : c'est la défense préparée en commun par plusieurs départements voisins. On comprend que plusieurs de ces derniers, à cause de leurs relations historiques ou commerciales, à cause de leur position dans une même région que l'ennemi menacerait en même temps, sont forcés de s'entendre d'avance.

Cette association, purement militaire pour le moment, peut rendre des services dans la lutte présente. Dans le cas où l'ennemi s'emparerait de Paris, elle serait une nécessité. La conclusion est qu'il faut la préparer tout de suite. Sur le choix des hommes qui y travailleraient, sur la manière de les choisir, nous retrouverions les discussions qui ont eu lieu à l'occasion du comité départemental.

Cependant il faut ajouter quelques observations. Une défense régionale demandera plus de savoir que la défense d'un département. Il faut donc que l'organisation en soit confiée à des hommes choisis avec soin. Au lieu d'agents obscurs de quelques comités restreints ou peu connus, il faut des hommes qui représentent sérieusement leur pays. Dans le cas où Paris serait emporté, cette représentation devrait être élargie, agrandie, parce qu'elle demandera au pays des mesures d'une gravité exceptionnelle.

Mais comment les pays doivent-ils se grouper? Cette question se résoudra d'elle-même, parce que les départements comprendront sans peine les intérêts qui peuvent les unir avec chacun de leurs voisins. Les cinq grandes divisions que nous venons de trouver sur notre carte de France, se retrouveront naturellement dans les groupes des départements fédérés. Chacune d'elles se divisera en deux ou trois régions dont le rôle serait facile à indiquer. Mais cette étude qui doit s'arrêter aux principes généraux, ne peut entrer dans ces détails.

A cette action intermédiaire entre celle de l'Etat et celle des départements se rattache la création des francs-tireurs, établis pour la défense générale et organisés par l'initiative locale. Jusqu'ici ils ont eu pour rôle de jeter rapidement, au-devant de l'ennemi qui dévastait nos campagnes, une force capable d'arrêter les maraudeurs.

En attendant la formation de nos armées qui bientôt seront prêtes, c'était un moyen de ralentir l'invasion et de diminuer les ravages de l'ennemi. Maintenant, lorsque nos armées seront formées, lorsque nos camps retranchés s'élèveront autour des Prussiens, leur rôle pourra grandir. Il faut qu'ils arrêtent le ravitaillement des ennemis, que pas un convoi n'arrive de l'Allemagne, que pas une charrette de blé ne sorte de nos villages. Mais cette infamie des Prussiens refusant quelquefois de reconnaître nos francs-tireurs et même des gardes-nationaux comme belligérants, si elle est constatée, n'y a-t-il aucun moyen légitime de l'arrêter ?

A l'occasion des francs-tireurs, il faut exprimer un regret qui souvent déjà s'est présenté dans cette étude. Ils vont combattre les uhlans, mais il y a une arme des uhlans à laquelle ils ne songent pas assez. Les éclaireurs prussiens ont avec eux des cartes géographiques qui leur permettent de recueillir des renseignements précieux. Peut-être serait-il temps, pour les compagnies qui ne sont pas encore parties, de donner au moins à leurs chefs des cartes et des indications indispensables sur la science géographique.

Dans cette étude sur la défense nationale, il y a une force dont nous n'avons point fait mention, c'est celle que l'étranger nous donnerait après avoir fait alliance avec nous. Nous pouvons nous en passer ; un secours étranger est presque un malheur pour le peuple qui le reçoit. Après l'avoir reçu, il en garde un caractère de faiblesse qui peut lui nuire plus tard, qui lui attirera des dangers lorsqu'on le croira abandonné par ses anciens amis. En tout cas, ne réclamons un appui par aucune démarche indigne de la France. Nous pouvons vaincre par nos propres forces. Une victoire pareille donnerait à l'univers un exemple précieux et fécond. On verra qu'un peuple, même trahi, même sans armes, en face d'un ennemi habile et puissant, par sa seule énergie, peut défendre son indépendance. L'œuvre de la paix européenne en sera avancée d'un grand pas. L'Allemagne, lorsqu'elle verra que sa grande armée, ses rois, ses princes ambitieux, bien loin de lui donner des conquêtes, ont préparé sa ruine par leurs triomphes menteurs, renoncera à cette organisation militaire qui trouble l'Europe et qui l'étouffe elle-même. Vainqueurs et vaincus, nous renoncerons à cette œuvre épouvantable de destruction, pour unir nos mains dans les travaux féconds de la paix.

Tout ce que nous attendons de l'étranger, ce sont des armes. S'il nous en refuse, nos soldats sauront combattre et mourir jusqu'à ce que les survivants en aient forgées. Nous ignorons ce que Thiers va faire à travers les cours de l'Europe. Il peut rendre des services aux peuples et aux rois, en leur montrant l'Allemagne menaçante entre les mains d'un monarque orgueilleux : il peut montrer que la France est indispensable à l'Europe : jamais l'Angleterre ni l'Autriche, sans le concours de notre pays, ne peuvent arrêter la Russie ni maintenir la paix en Orient. Qu'il soit fier comme le doit être le représentant de la République française même vaincue. Aux souverains aveugles ou trop orgueilleux, qu'il dise que nous nous passons d'eux, que nous n'avons pas même besoin d'être reconnus ; mais qu'il leur dise aussi que nous aurons bonne mémoire. Le moment du danger viendra pour vous, peuples et rois, ce jour-là nous reconnaîtrons nos amis. Pour le moment, sans vous, nous pouvons vaincre et nous vaincrons.

━━◦◦◦◦━━

LYON. — Imprimerie du *Salut Public*. — BELLON, rue Impériale, 33.

www.ingramcontent.com/pod-product-compliance
Lightning Source LLC
Chambersburg PA
CBHW071402030726
47594CB00002B/810